人力资源
数字化转型

HRSSC的
搭建、迭代与运营

崔晓燕　周扬扬　著

人民邮电出版社

北　京

图书在版编目（CIP）数据

人力资源数字化转型：HRSSC的搭建、迭代与运营 /
崔晓燕，周扬扬著. -- 北京 ：人民邮电出版社，2022.3（2024.4重印）
ISBN 978-7-115-58449-6

Ⅰ. ①人… Ⅱ. ①崔… ②周… Ⅲ. ①人力资源管理
－数字化－研究－中国 Ⅳ. ①F249.23

中国版本图书馆CIP数据核字(2021)第273101号

内 容 提 要

本书共 7 章，主要内容包括人力资源三支柱的诞生、迭代和演变，共享服务中心的昨天、今天和明天，共享服务中心的定义和相关概念，共享服务中心生态全景及五要素，企业建立HRSSC 的目的，HRSSC 的常见服务内容，HRSSC 的常见岗位设置，HRSSC 的常用技术手段，HRSSC 的组织设计及文化建设，共享服务中心的建设路径，共享服务中心的方法论，员工联络中心的组成与搭建，共享服务中心的常见概念及工具。

本书适合企业经营管理人员、人力资源方面专业人士以及人力资源共享服务中心的管理人员和从业人员阅读。

◆ 著　　　　崔晓燕　周扬扬
　　责任编辑　谢晓芳
　　责任印制　王　郁　焦志炜
◆ 人民邮电出版社出版发行　　北京市丰台区成寿寺路 11 号
　　邮编　100164　　电子邮件　315@ptpress.com.cn
　　网址　https://www.ptpress.com.cn
　　固安县铭成印刷有限公司印刷
◆ 开本：720×960　1/16
　　印张：12.5　　　　　　　　　2022 年 3 月第 1 版
　　字数：129 千字　　　　　　　2024 年 4 月河北第 8 次印刷

定价：69.80 元

读者服务热线：(010)81055410　印装质量热线：(010)81055316
反盗版热线：(010)81055315
广告经营许可证：京东市监广登字 20170147 号

本 书 赞 誉

人力资源共享服务中心（Human Resource Shared Service Center，HRSSC）无疑是近年来人力资源领域最火热的实践方法之一。HRSSC 既是"三支柱"理论落地不可或缺的坚实底层体系，又是数字化时代人力资源工作的基础设施平台。崔晓燕老师是国内共享服务领域的资深专家。本书有 3 个特点：一是源于真实企业的实践案例，堪称落地指南；二是全面、系统地梳理了行业的相关技术，极具参考价值；三是与时俱进地融入最前沿的探索成果，尤其是本书总结的七大方法论，凝聚了国内共享服务理论与实践的精华。强烈推荐本书，它是人力资源从业者的案头书。

——余清泉，众合云科（51 社保）创始人兼 CEO

作为新的管理模式，人力资源共享服务中心为人力资源部门注入了新的动力，在中国市场已经走过了一条循序渐进的成熟之路，它集中服务、提高效率、降低成本的优势也一直备受青睐。特别是在 RUPT（Rapid，Unpredictable，Paradoxical，Tangled，急速、莫测、矛盾、纠结）时代下，

HRSSC 发挥了不可替代的重要作用。本书从理论到实践，更加系统地描述了 HRSSC 的搭建、迭代和运营过程，道术结合，可以让读者一窥究竟。本书是崔晓燕老师多年来不断探索与实践的智慧结晶。本书既系统梳理了这几年来 HR 行业的演进，也有助于指导从业新人循序渐进地增强业务能力。

——金景，人力资源智享会（HREC）创始人兼 CEO

本书为企业提供了大量关于人力资源共享服务中心的最佳实践，为企业建设人力资源共享服务中心提供了思路、方法，指明了方向和趋势，强烈推荐！

——唐秋勇，法国里昂商学院全球人力资源与组织研究中心联席主任

崔老师在 HR 共享服务圈里几乎无人不知——她是连接 HR 世界的那个"点"。因为她的连接，一群"共享服务人"怀着初心和使命感，畅想与实践着培养共享服务人才、赋能共享服务组织的工作。她这个"点"带动了"面"。崔老师关于写一本面向企业用户的共享服务图书的想法，诞生于我们无数次的讨论，甚至争论，这位高产的作者靠着自己无限的热情与

高度的自律践行着共享服务人敢想敢做的作风。她对共享服务与数字化的热情让她有洪炉点雪般的悟性与执行力。崔老师关于共享服务和数字化的理解来源于"边打仗、边建设"的鲜活实践，又加入了从第三方视角看共享服务的理性总结和深刻反思，读完本书，你一定会有许多收获。

——毕正芳，星展银行（中国）有限公司 HRSSC 高级副总裁

HRSSC 是经典的变革项目，在人力资源共享服务中心建设的过程中，每个共享人都需要同行者，就如夜行中的同路人。崔老师是一位有情怀的人力资源专家，她乐于创新，丰富了人力资源共享的内涵；她潜心总结，为共享中心建设探索发展路径；她乐于分享，在共享中心圈内传道解惑……她为推动人力资源共享理念的传播和发展做出了积极贡献，得到大家的一致认可。本书是崔老师的力作，值得"共享人"品读和学习。

——陈磊，上海电气集团 HRSSC 负责人

人力资源共享服务在中国经历了十几年的发展，从生根发芽到开花结果，如今已成为各个企业人力资源数字化转型和提升员工体验的必由之路。本书从理论到实践，全方位展现了人力资源共享服务的前世今生和未

来之路，让共享服务变得更加清晰，更容易落地，更加具有战略性与前瞻性。本书既可以从理论上指导企业转型实践，又结合众多企业实践案例剖析了共享服务方面的知识。初识共享服务的读者可通过本书夯实基础，少走弯路；共享服务从业者可通过本书变革创新，挑战现状；企业管理者和人力资源高管可从本书中了解提升企业人力资源管理水平的方法——面向未来的数字化、体验化、规模化的人力资源共享服务。相信本书定会让读者收获颇丰，成为中国人力资源共享服务理论发展的里程碑。

——刘伟，三星电子大中华区 HRSSC 原负责人

数字化时代给 HR 从业者带来了全新的机遇和挑战，赋予了"共享人"全新的使命和担当。建设共享服务中心，需要体系化思考并与时俱进。本书深入浅出，内容完整，有工具，有方法，从理论到实践，既能指导落地，又能引领前沿。崔晓燕女士深耕共享服务领域多年，理论功底扎实，实践经验丰富，有带领团队指导特大型中央企业共享服务中心系统建设的丰富经历，本书是她的一部力作，强烈推荐！

——刘玉翠，东风汽车集团股份有限公司人事共享服务中心高级经理

HRSSC 的建设是一个永不停歇的过程，包括搭建之初的服务交付，迭代中的产品化与体验感升级，数据支持决策，流程场景固化业务。在数字化时代下，共享服务中心的道路值得探索和学习，前沿技术与新的运营模式持续冲击着"共享人"。崔老师一直站在行业研究的前沿，引领着"共享人"不断开拓创新迭代。本书庖丁解牛般地展现了数字化时代的 HRSSC 之路，值得所有"共享人"好好阅读和学习。

——高峰，蒙牛乳业（集团）股份有限公司 HRSSC 负责人

我是崔晓燕老师的"铁粉"，不仅因为她是国内最早实践共享服务的专家之一，还因为她对共享服务的执着、热爱和情怀。深入理解一个新事物并且对它有情怀可是非常不容易的。随着商业环境和智能技术的革新，HR 的生存之道也不断在演变，而作为提供基础服务的 SSC，如何为企业组织带来价值，是未来五到十年重要的命题。我细细读了本书两遍，启发和共鸣犹如泉涌。本书有方法，有案例，可借鉴、可落地，既展现了共享服务的过去和现在，又展望了共享服务未来的无限可能。无论你正在搭建 HRSSC，还是已经搭建 HRSSC 又苦于不知道如何运营，抑或想知道 HRSSC 的未来，本书都是一盏指路明灯。

——林岳，无限极（中国）全球 HRSSC 负责人

推荐序1

应崔晓燕女士之邀，我很荣幸作为她的老同事、老朋友为本书写序，同时借此机会热烈祝贺她的新书出版。这本书进一步充实拓展业界在共享服务领域，特别是人力资源共享服务领域的理论与实践。

共享服务在世界范围内已经有三四十年的实践与沉淀。虽然共享服务在中国只有约二十年的历史，而且大多数企业主要从财务共享开始，但是随着大家不断认识到共享服务产生的价值，跨职能的共享日益成为更多企业降本增效、降低风险、提升员工体验的重要战略举措。其中，人力资源的共享为非常重要的共享服务领域。

目前在市场上，有关财务共享的图书很多，而关于人力资源共享的专业图书少之又少，特别是站在战略高度思考，将理论与实践相结合，将战略落地反映到共享服务中心的建设、迭代，以及持续运营改善的方方面面的图书更稀缺。

共享服务看似由诸多重复简单的工作内容构成，但是经历过共享服务实操的人尤能体会其中的不易。简单的事情重复做，重复的事情用心做，真正做到从量变到质变，是一种变革管理，而且是全方位的变革管理，其中涵盖了文化、战略、制度、流程、人、技术、服务等方面的突破与创新。

我与晓燕相识多年，她在人力资源领域的专业性，对于共享服务的热爱与思考，对于新技术的不断钻研探索，对于方法论的试点应用及精进，以及在管理领域精耕细作多年的成果，保障了本书内容的权威性。

我相信，晓燕的书对于想搭建共享服务中心、想持续改善共享服务中心的读者都会有帮助。

周锋

中电金信软件有限公司（原文思海辉）共享服务运营中心总经理

推 荐 序 2

企业所面临的商业环境充满不确定性。为了有效应对这种不确定性，企业必须聚焦其核心竞争力、精益化运营，充分利用基础设置和生态。共享服务中心这种精益化的运营模式无疑成为企业后台管理运营升级的重要手段。

国家政策（特别是个税改革）进一步加速了这一趋势，数字化更让共享服务模式如虎添翼。在数智化时代，基于系统平台的、有效整合内外部资源的服务已经成为共享服务中心的标配，成为越来越多拥有创新意识的"新"公司的"新"模式。

本书系统化、与时俱进地为这种"新服务"提供了有效的落地指南，值得深入阅读。

王天扬

易路人力资源科技有限公司创始人兼 CEO

前　　言

2014 年年底，我当时所在公司开始在咨询公司的帮助下筹划建立自己的共享服务中心。我有幸作为核心骨干参与并见证了整个过程。随着调研和走访的逐步深入，我对"共享服务中心"这一模式着了迷。我发现，在外界看来如此简单重复的工作，可以做得如此有规划、成体系，进而对公司产生如此巨大和深远的影响。另外，作为 HR 和 IT 方面的跨界人士，我更加深信，随着产品思维的引入、IT 应用的深入和数据的价值赋能，共享服务中心这种模式还将大有可为。

基于清晰的价值定位、蓝图规划和路径设计，在公司高层领导的支持下，在整个团队的共同努力下，在兄弟部门的配合下，我们迅速完成了公司的共享服务中心的组织架构调整和业务集中化，并建立了配套的框架、体系和数字化平台，得到了公司内部的一致认可与外部的很多嘉奖和殊荣。甚至公司的客户也通过业务部门找到我们，希望我们能够在共享服务的咨询、数字化业务规划及数字化工具、平台方面给予他们支持和赋能。所以，在那段时间，我和团队接待了大量的、优秀企业的共享服务中心核心团队的参访，组织了 HRSSC 领域的很多交流活动。在这个过程中，我们得到了业内同行的一致认可，并且受益匪浅。交流中碰撞出的火花不仅反哺了共享服务中心的迭代和优化，逐步形成了对外咨询的方法论和工具，而且让我们积累了一些实战经验，打造了几款数字化共享服务产品。其中最有名气的就是我们的"智能自助服务终端机"和"预入职管理系统"。市场的认可再一次强化了我和团队的信心和决心，兴趣也逐步升级为使命和情怀。

我本人的个性是喜欢思考、积累、分享和交友。我应邀在很多知名的峰会和活动中与大家分享我的看法和团队的实践案例。我自己也设立了微信公众号"新时代的共享服务中心"，后由于个人研究方向的拓展更名为"智能时代的 HR 技术与艺术"，得到了很多共享服务人士的支持和认可。其中不乏知名企业的 HRSSC 高管，他们中的很多人现在已经成了我的朋友。

大家凭借着对共享服务中心的情怀和对共享服务中心未来的笃定，无私奉献、彼此帮扶。在我主导 HRSSC 1+X 认证的项目上，很多朋友给予了我莫大的支持，让这一认证体系无论从标准的制定，还是教材的撰写，或是师资培训及配套教学资源的打造，都源于真实的、优秀的、与时俱进的企业实践。

随着 HRSSC 1+X 认证体系的成熟，HRSSC 这种用实践验证的模式，逐步形成了相对完整、体系化的、与时俱进的理论框架。我和团队除了规划和实施面向大学人力资源管理相关专业教师队伍的师资培训以外，还应邀为企业提供人力资源三支柱转型、共享服务中心建设与人力资源数字化转型方面的企业内训及咨询服务，以及和许多咨询机构合作举办这三个方向的公开课。这种教学相长的互动及咨询陪伴的持续实践，让我的思考更加深入，理论也更成体系和框架。

数字化时代给 HR 从业者带来了全新的机遇和挑战，HRSSC 也被定义为敏捷组织的战略性业务架构。但在现实中，大家对 HRSSC 的认识和认知还是比较有限与局限的，对 HRSSC 概念、理论、方法论和工具的了解和掌握不够体系化。在朋友的鼓励下，我决定提笔成书，把我有限的思考和沉淀与大家分享。在这个过程中，我得到了朋友的鼎力支持，他们是本书初稿的第一批"苛刻"的读者，给了我非常多的启发和建设性提议，这更加坚定了我将本书打造为精品的决心。

本书共 7 章。

第 1 章系统介绍人力资源管理的发展脉络、人力资源三支柱诞生的背景、从理论到实践的升华、它们各自的价值和定位及分工协作模式，剖析人力资源三支柱在中国的探索之路及未来之路。

第 2 章沿着共享服务中心的脉络讲述共享服务中心的昨天、今天和明天以及共享服务的中国之旅和未来趋势。

第 3 章讨论共享服务中心的定义和相关概念、生态全景及构成要素、建设目的、常见的服务内容、岗位设置、技术手段及组织设计模式。

第 4 章讲解包括经典的 MNC 模式、边打仗边建设的当代模式、敏捷撬动模式和共建共赢模式在内的几种典型共享服务中心的建设路径。

第 5 章体系化地介绍数字化时代共享服务中心的七大方法论，包括变革管理及移交管理、服务产品设计、流程设计及再造、员工体验设计、人力资源数智化转型、人力资源数据管理及应用和服务品牌打造及运营。

第 6 章详细讲解"员工联络中心"这一 HRSSC 新型组织模式的构成要素、搭建路径、运营体系和新技术应用。

第 7 章详细介绍包括 SLA、SOP、KPI 在内的共享服务工具，RACI 和 PDCA 这两个通用管理模型在 HRSSC 中的应用，以及共享服务中心的选址和定价策略。

附录 A 介绍了人力资源的"升维之道"。

本书内容深入浅出，有理论，有工具，成体系，能落地。

但毕竟 HRSSC 这一领域的知识沉淀还太少，加之本人能力有限、经验不足，真诚希望读者能像我的那些朋友一样，将你阅读本书过程中的真实感受、想法和建议不吝赐教，我的个人微信号是 cuixiaoyan770215。我会在 HRSSC 领域持续深耕、不断迭代，希望能和优秀的你共同探索和见证共享服务中心这种模式的发展与应用！

感谢支持和帮助过我的老朋友及 HRSSC 专家：

- 中电金信软件有限公司共享服务运营中心总经理周锋女士；
- 中电金信软件有限公司共享服务运营中心副总裁刘倩梅女士；
- 中电金信软件有限公司共享服务运营中心助理副总裁褚小萍女士；
- 中电金信软件有限公司共享服务运营中心高级总监曾俊先生；
- 腾讯人力资源平台中心负责人马海刚老师；
- 众合云科（51 社保）创始人兼 CEO 余清泉先生；
- 人力资源智享会（HREC）创始人兼 CEO 金景先生；
- 法国里昂商学院全球人力资源与组织研究中心联席主任唐秋勇先生；
- 人瑞人才管理中心副总裁 / 战略客户部首席顾问刘艳女士；
- 三星电子大中华区 HRSSC 负责人刘伟先生；
- 上海电气集团 HRSSC 负责人陈磊先生；
- 星展银行（中国）有限公司 HRSSC 高级副总裁毕正芳女士；
- 无限极（中国）有限公司全球 HRSSC 负责人林岳先生；
- 软通动力信息技术（集团）有限公司企服平台副总裁崔晓晨女士；

- 某互联网公司 HRSSC 负责人周涛先生；

- 玛氏公司人力资源总监杨昕亮先生；

- 蒙牛乳业（集团）股份有限公司 HRSSC 负责人高峰女士；

- 隆基绿能科技股份有限公司 HRSSC 负责人梁华嫣女士；

- 东风汽车集团股份有限公司人事共享服务中心高级经理刘玉翠女士；

- 科石管理咨询公司创始人及总经理杨冰先生；

- 广汽丰田人事总务科科长黄筱琳女士；

- 施耐德电气 HRSSC 负责人张勇先生；

- 世茂集团 HRSSC 负责人刘冬扬女士；

- 广联达资深数据治理顾问李雷明子女士；

- 中软国际共享服务专家朱玉婷女士。

崔晓燕

目　　录

第1章　人力资源三支柱的诞生、迭代和演变 / 1

1.1　人力资源管理发展的5个阶段 / 2

1.2　人力资源三支柱的诞生和演变 / 6

1.3　中国的人力资源三支柱之旅 / 20

1.4　新时代来了，人力资源三支柱还能撑多久 / 22

第2章　共享服务中心的昨天、今天和明天 / 25

2.1　共享服务中心的昨天 / 26

2.2　共享服务中心的今天 / 28

2.3　共享服务中心的明天 / 30

2.4　HRSSC的中国之旅 / 33

2.5　共享服务无限可能 / 35

第3章　走进共享服务，走进HRSSC / 39

3.1　共享服务中心的定义和相关概念 / 40

3.2　共享服务中心生态全景及五要素 / 42

3.3　企业建立HRSSC的目的 / 47

目 录

3.4 HRSSC的常见服务内容 / 49

3.5 HRSSC的常见岗位设置 / 54

3.6 HRSSC的常用技术手段 / 61

3.7 HRSSC的组织设计及文化建设 / 63

第4章 共享服务中心的建设路径 / 73

4.1 经典的MNC模式 / 74

4.2 边打仗边建设的当代模式 / 76

4.3 敏捷撬动模式 / 84

4.4 共建共赢模式 / 86

第5章 共享服务中心的方法论 / 89

5.1 变革管理及移交管理 / 90

5.2 服务产品设计 / 97

5.3 流程设计及再造 / 99

5.4 员工体验设计 / 107

5.5 人力资源数智化转型 / 111

5.6 人力资源数据管理及应用 / 117

5.7 服务品牌打造及运营 / 126

第6章 打造与时俱进的员工联络中心 / 135

6.1 什么是员工联络中心 / 136

6.2 员工联络中心的构成要素及架构 / 138

6.3　如何搭建员工联络中心　/　142

6.4　员工联络中心的卓越运营　/　147

6.5　员工联络中心的新技术　/　152

第7章　共享服务中心的常见概念及工具　/　157

7.1　人均服务比　/　158

7.2　SLA、SOP和KPI　/　161

7.3　RACI和PDCA　/　167

7.4　共享服务中心的选址　/　169

7.5　共享服务中心的定价策略　/　172

附录A　人力资源管理的"升维之道"　/　175

第1章
人力资源三支柱的诞生、迭代和演变

1.1　人力资源管理发展的 5 个阶段

为什么会有 HRSSC ？为什么会出现人力资源三支柱？它们诞生的背景和原因是怎样的呢？要回答这几个问题，我们就要从人力资源管理的发展和演进谈起。从整体来看，人力资源管理从诞生到今天一共经历了 5 个阶段（见图 1.1）。

图 1.1　人力资源管理发展的 5 个阶段

接下来，让我们对照中国经济和企业的发展来看一下图 1.1 所示的这 5 个阶段。

第 1 阶段是强调人事行政事务处理的"人事管理"阶段。在这一阶段，全球经济处于电气化时代，中国经济的主体是国有企业。这些国有企业大多数是本地经营、产品单一的制造型企业，员工基本是分配制，流动率极低。当时的人力资源部是典型的业务从属的后勤支持和保障部门，工作内容主要围绕着人事档案的调动和管理、劳动纪律和后勤的保障及支持、薪酬福利的核算及发放等事务性活动展开。企业通常对人力资源部的要求是，数对人头、发对工资、管好劳动纪律。此时，人事工作的定位就是执行者，缺乏理论框架，技术含量也不高。那时很多企业的人力资源部被叫作"人事科""人事行政办公室"等。

第 2 阶段是强调"六大模块"同时运作并有机集成，全面支持"选、用、育、留"的"人力资源管理实践"阶段。在这一阶段，中国的经济主体开始多元化，民营企业开始出现，外资企业也开始进入中国。随着国有企业改革的推动、民营企业的出现，市场竞争格局开始形成，企业对人力资源管理工作提出了更高的要求。同时，外资企业进入中国，带来了很多先进的管理理念和实践，其中不乏优秀的人力资源管理理念和实践。此时，人力资源管理也逐步建立起自己的理论体系，形成了包括人力资源规划、招聘与配置、培训与开发、绩效管理、薪酬福利管理、劳动关系管理在内的六大模块，并强调这 6 个方面的人力资源管理工作要有机整合、协同运作，全面支持企业人力资源"选、用、育、留"的全生命周期。此时的人力资源部逐步开始具备专业属性，在科学管理的大背景下，有了自己明确的职能分工和理论框架，而且人力资源六大模块的经典框架，直到今天仍然是高等教育人力资源相关专业教学体系的底层逻辑。

第3阶段是强调"人才""企业文化"和"领导力"都为企业战略服务的"人力资源管理战略"阶段。在这一阶段，国有企业改革不断深化，民营企业高速发展，外资企业方兴未艾，信息时代也悄然来临。随着企业业务的快速发展及多元化，全国化经营的趋势初见端倪。企业发现仅靠六大模块协同运作的人力资源全生命周期管理已经不足以支撑其快速发展。随着新技术的不断出现，企业商业环境的不断变化，企业不仅意识到人才的重要性，而且意识到驱动企业长远发展和良性运营的"企业文化"及"领导力"的重要性。此时的人力资源部开始关注人才、企业文化和领导力这些更加核心和底层的要素，不仅聚焦"该如何做"的职能属性，还开始关注"为谁做、为什么要做、该怎么做"，这些都更加贴近业务、贴近战略。

第4阶段是强调人力资源管理要跳出组织，从客户及投资者等外部视角审视自己所做工作的"人力资源管理由外向内"阶段。在这一阶段，商业正式从"电气化"时代迈入"信息化"时代，随着计算机技术的普及，企业所面临的商业环境在不断变化。在变幻莫测的商业环境中，企业一定要抓住核心的和相对稳定的部分，如客户、投资者。于是，企业对人力资源管理工作也提出了更高的要求，即要求人力资源管理者们要跳出组织，站在更高的视角，从客户及投资者等外部视角重新审视和定义自己的工作，从关注"做了什么"，到关注"为企业和投资者创造了多少价值，为客户和员工提供了多少增值"，此时的人力资源部开始具备战略牵引的属性。这一阶段有一本著名的人力资源管理巨著——戴维·尤里奇的 *HR Outside in*。

第 5 阶段是强调"数字化驱动"的"人力资本"与"组织能力再造"并将"人性与科技融合"的"数字化人力资本管理"阶段。今天，一场信息技术引起的商业革命正在深化，新技术、新经济、新商业层出不穷。所有企业都面临着转型，无论是从生产制造向品牌转型，还是从单一产品向解决方案转型，或是从独立经营向平台型转型，所有企业都殊途同归地面临着数字化转型，这已经不再是一道选择题，而是时代的要求。为了有效地支持或牵引企业的数字化转型，人力资源管理工作也要强调数字化驱动，这不仅是人力资源管理和运营工作本身的数字化，还是整个组织从人力资本到组织能力的重塑，既包括组织结构、职位职级体系、用工模式、奖酬和激励体系，又包括领导者的心智模式、员工的思维模式和企业文化的重塑。同时，人力资源部要和 CIO 一起，借助内外部资源，打造数字化的管理运营和协作平台。今天，我们迎来了需要将"人性"和"科技"完美融合的"数字化人力资本管理"阶段。在今天这样的科技背景下，其实对于"人性"的关注比以往任何时代都显得更加重要。所以，今天的人力资源部是典型的战略规划和牵引部门，人力资源负责人作为企业董事会的重要成员，普遍面临着一将难求的情况。人力资源从业者在这样大的时代机遇下，感受到的更多的不是兴奋，而是一份沉甸甸的责任，我们希望自己和团队的意识与能力都不辜负时代的重托。

以上主要从宏观层面概述，也许在微观层面会有些许不同或不准确的地方，还望读者见谅。希望读者能够通过对这一节的学习，理解人力资源管理工作的主体发展脉络，感受到思维意识和能力升级的必要性与紧迫感。

从人力资源管理这 5 个阶段的发展过程中，我们不难总结出，随着经济的发展、技术（特别是 IT）的深入应用以及企业所面临商业环境的变化和企业管理的不断成熟，时代、商业环境和企业都对人力资源管理工作提出了越来越高的要求。人力资源管理工作的定位也在逐步提升，从典型的后勤保障的从属定位，到科学管理、职能分工下的专业定位，再到关注人才、企业文化和领导力等的经营视角定位，最后到更具外部视角以及战略牵引价值的定位。伴随着数字化时代对人力资源管理工作要求的不断提高，人力资源从业者们也在积极探索自己的"生存之道"或者叫"升维之道"，这也是大家积极探讨和探索人力资源战略转型和人力资源数字化转型的最根本原因，而人力资源三支柱恰好是这两项转型的重要解题思路和抓手。所以，接下来让我们一起进入人力资源三支柱的学习。

1.2　人力资源三支柱的诞生和演变

谈到人力资源三支柱，我们还要从其诞生和演变说起。因为只有知道了事物的起源和历史演进，我们才能对这一事物有更加深刻的理解和认知，人力资源管理也不例外。

由于人力资源管理的变革及演进没能跟得上时代和商业的变化及企业

的变革需求，从 20 世纪末到 21 世纪初的几十年间，人力资源部及人力资源管理工作的价值和意义被管理学界不断质疑。

1996 年，托马斯·斯图尔特在《财富》杂志上声称要"炸掉人力资源部"，他在文章中称人力资源部是不折不扣的官僚机构，认为人力资源工作者毫无客户导向和服务意识，在高度自动化系统的协助下，人力资源职能中的大部分工作将被替代或外包。这不仅可以节约成本，还能减少责任不清的扯皮现象，规避风险。

2005 年，基思·哈蒙兹在《快公司》杂志上发表文章"我们为什么恨HR"，他给人力资源从业者们定了"四宗罪"，包括人力资源从业者论天资不是公司中最聪敏的人，人力资源从业者追求效率大过创造价值，人力资源从业者代表企业的利益在工作，人力资源从业者经常隔岸观火。

2014 年，著名的管理大师拉姆·查兰先生在《哈佛商业评论》杂志上发表的文章"是时候拆掉人力资源部"引起了轩然大波。拉姆·查兰先生说："很少有首席人力资源官能像首席财务官那样，成为很好的董事会成员和值得信赖的合伙人，并凭借他们的技能，将员工和业务数据联系起来，从而找出企业的优势和劣势，让员工与其职位相匹配，并为企业战略提供人才方面的建议。"所以，他认为 CHRO（首席人才官）多数是以流程为导向的通才，缺乏专家属性和战略属性，所以没有必要设置这一岗位。此外，他还认为人力资源部门也应该一分为二，其中行政人力资源部向 CFO 汇报，领导力与组织人力资源部向 CEO 汇报。

面对管理学界对于人力资源管理的不断质疑，为了让人力资源部能够有效承载企业战略发展、支持好多元业务和管理者、服务好员工，现代人力资源管理之父——戴维·尤里奇先生指出人力资源管理工作可以像企业一样运作，并提出了"人力资源四角色模型"（见图1.2）。他将人力资源管理工作从"结果"出发，进行了重新定义。他强调，"人力资源部的意义不在于做了多少事情，而在于给企业带来了什么成果，帮助业务创造了多少价值，为客户、投资者和员工提供了多少增值。"

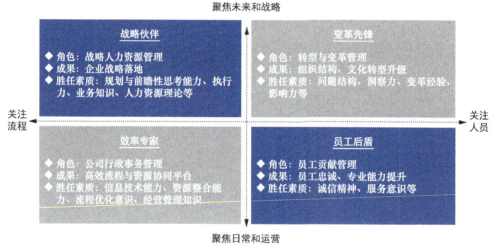

图1.2　人力资源四角色模型

戴维·尤里奇先生按照聚焦日常和运营、聚焦未来和战略、关注流程和关注人员4个维度，为人力资源管理工作定义了四大关键角色，分别是推动企业战略落地的战略伙伴、通过组织和文化牵引企业转型和变革的变革先锋、关注员工忠诚度及能力提升的员工后盾，以及支持企业人事行政事务高效处理的效率专家。

这四大关键角色的定位和胜任素质分别如下。

- 战略伙伴：负责组织架构的设计和调整、企业文化及管理机制的配套，以及通过具体的人力资源变革项目引导企业战略的落地。他们须具备战略意识、具有经营视角，了解一定的业务知识并且能够将人力资源管理的理论、方法论和工具融会贯通。
- 变革先锋：企业持续变革的牵引者和推动者，通过技术、流程和企业文化的再造强化公司的变革能力。他们须具备发现问题的意识和洞察力，能够在纷繁复杂的因素中找到管理问题的根源。他们还需要有极强的逻辑思维，能够对众多变革项目按照重要程度和紧急程度进行排序，并且要能够透过现象看到本质，在众多因素中找到核心所在。此外，他们还要能够结合变革模型和配套的工具及方法论，将变革有效推动落地并持续积累变革经验。总之，他们需要具备发现和解决问题的能力，掌握变革管理的方法论和工具，拥有丰富的项目管理经验和足够的影响力。
- 效率专家：通过流程的再造和技术手段的应用，在提升人力资源管理运营的效率的同时，提升服务质量和员工体验并确保风险控制的有效落地。他们是人力资源领域的跨界者，不仅要有流程优化的意识和能力，具备运营管理和质量管理相关的知识与技能，还要拥有与时俱进的服务产品设计与优化能力、数字化业务规划能力、项目管理和运营能力，以及人力资源大数据管理和应用等新能力。

- 员工后盾：HR从业者不应该只是企业的代言人，还应该是员工的代言人。他们要在管理层会议上积极向高层管理者反映员工的顾虑和担忧，同时通过企业文化、机制和体系的设计，让优秀员工在公司内部得到更合适的工作机会，打通跨部门的员工职业发展通道；通过培训赋能让员工的思维和能力跟得上时代的变化和企业的变革步伐；通过增强新员工在组织内的融入度和归属感，强化员工和企业之间以及员工之间的链接感，进而强化员工在组织内的贡献感和成就感；通过提升员工的满意度，进而驱动员工的敬业度、生产力及创造力，让员工在为企业贡献更多价值的同时也为自己的职业发展增值。总之，他们最需要的是对员工负责诚信的精神和服务意识。

20世纪90年代，IBM公司开始致力于人力资源战略转型，并率先将人力资源四角色模型引入企业实践，在戴维·尤里奇的指导下，经过十多年的实践，经历三次大的迭代，形成了我们今天熟悉的人力资源三支柱，参见图1.3。

这三支柱子分别如下。

- 专家中心：承载战略，为组织和高管提供服务，关注人力资源价值选择、整体战略和方案以及模块方案。
- 人力资源业务伙伴：下沉业务，为内部客户，特别是一线管理者，提供人力资源专业支持。

- 共享服务中心：服务员工，关注运营效率、服务交付和员工体验，擅长技术应用和数据洞察。

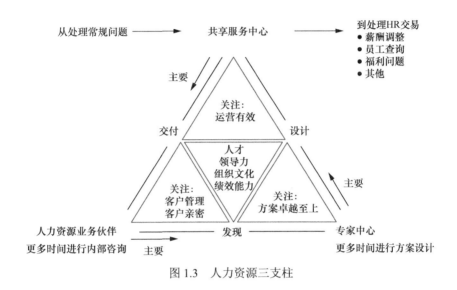

图 1.3 人力资源三支柱

接下来，对照图1.4，看一下人力资源三支柱各自的价值定位及主要功能。

- 专家中心（Center Of Expertise，COE）是精通人力资源各模块纵深领域的专家，承载着人力资源战略价值选择的重任，通常服务于企业高层管理者和决策层。常见的工作内容包括人力资源政策的制定、管理框架和体系的设计、战略人力资源项目的策划和实施等，主要对应"人力资源四角色模型"中的"战略伙伴"和"变革先锋"。如果用一句话来形容专家中心，那就是"用战略的心，做专业的事"。所谓"战略的心"，指的是和企业高层管理者及决策层具备同样的视野和格局；所谓"专业的事"，指的是"专业的人力资源解决方案"。在人力资源三支柱转型中，我们很少听到COE 转型，其原因就在于其他两支柱子都是从这里衍生出来的，COE 工作的底层就是人力资源六大模块，只是对战略牵引、整体规划和设计等提出了更高的要求。

专家中心	人力资源业务伙伴	共享服务中心
用战略的心，做专业的事	**长着猫的身体，操着老虎的心**	**把平凡的事做得不平凡**
☐ 领域专家	☐ 人力资源通才	☐ 人力资源复合型人才
☐ 通晓人力资源管理理论并掌握相关领域精深的专业技能	☐ 掌握HR各职能的专业技能，同时了解所在部门的业务	☐ 人力资源+流程/服务/产品/技术/数据/运营
☐ 人力资源战略价值选择	☐ 业务策略的选择	☐ 人力资源平台与服务的选择
☐ 服务于企业高层管理者和决策层	☐ 辅助一线业务负责人对组织、团队、人才进行管理	☐ 为组织提供一体化、数据化、自动化的HR平台支撑
☐ 战略伙伴、变革先锋	☐ 战略伙伴、变革先锋、员工后盾	☐ 效率专家、员工后盾

图 1.4　人力资源三支柱的价值定位及主要功能

- 人力资源业务伙伴（Human Resource Business Partner，HRBP）不仅是熟悉人力资源各模块领域知识及专业技能的人力资源通才，还是了解所服务业务部门的业务、既懂 HR 又懂业务的跨界人才。他们往往是人力资源部门派驻到各个业务部门的大客户经理，承担着所服务业务部门的人力资源策略业务选择的重任，旨在通过对组织、团队和人才的管理牵引及辅助一线经理和部门管理者，达成业务战略或目标，主要对应"人力资源四角色模型"中的"战略伙伴""变革先锋"和"员工后盾"。如果用一句话来形容他们，那就是"长着猫的身体，操着老虎的心"。所谓"猫的身体"，指的是像猫一样敏感和灵活，可以感知所服务业务部门的温度，洞悉核心管理问题，敏捷地解决业务问题。所谓"老虎的心"，指的是要和并肩战斗的业务经理们保持同样的业务野心和狼性。在人力资源三支柱转型中，通常工作最困难的就是HRBP，因为HRBP既需要跨界的知识技能，又需要极高的情商和影响力，而影响力要靠一次又一次躬身入局、切实解决业务问题来积累，非一朝一夕就可以见效。此外，HRBP受业务部门领导的管理成熟度及其对人力资源管理态度的影响非常大。所以在实践中，HRBP的影响力、工作能力以及与其搭档的业务部门领导的成熟度，往往是人力资源三支柱转型的瓶颈。

- 共享服务中心（Shared Service Center，SSC）更准确的称呼是"HRSSC"，它为企业提供一体化、数据化、自动化的人力资源平台支撑。HRSSC通过精心设计的人力资源服务产品，为员工提供人力资源服务，提升公司整体人力资源管理运营效率和员工体验。HRSSC中的人是人力资源领域的复合型人才，主要对应"人力资源四角色模型"中的"效率专家"和"员工后盾"。如果用一句话来形容他们，那就是"把平凡的事做得不平凡"。所谓"平凡的事"，指的是人力资源管理运营中纷繁复杂的事务性工作，如入转调离、薪酬核算、员工咨询等。所谓"不平凡"，指的是通过流程的再造、体验的设计、服务产品的打造及数字化、数据分析甚至人工智能等新方法、新工具、新思维，打造平台，通过产品交付服务，实现自己的价值创造，做到"不平凡"。以前，我们可能会认为HRSSC是人力资源三支柱中技术含量最低的，但这恰恰是人力资源管理和运营工作的基础。随着IT和大数据的赋能，以及人工智能技术的应用，HRSSC的重要性和价值日益凸显。除是人力资源三支柱中的一支柱之外，HRSSC还承载着整个人力资源部"数字化转型"和"数据管理及应用"的人力资源底座职能，是很多企业推动人力资源战略转型和数字化转型的变革抓手。

人力资源三支柱之间有怎样的互动关系？它们又是如何协作的呢？图1.5展示了人力资源三支柱之间的互动关系。

首先，看一下COE和HRBP是如何协同的。COE在制定公司或集团级别的人力资源政策以及规划集团或公司级别的人力资源战略项目时，应和HRBP充分沟通，使他们理解政策及项目背后的战略意义。此外，COE还应积极听取HRBP的建议和反馈，充分考虑不同业务的不同管理情景和业务诉求。当然，HRBP在充分理解这些政策及项目的战略意义和底层逻辑的基础上，有义务积极反馈业务需求，并在集团政策或项目确定后，在自己负责的分公司/子公司或业务部门切实地加以落地执行。HRBP在为业务部门定制人力资源解决方案时，可以向COE寻求支持和指导。COE基于整个公司或集团共享的人力资源专家团队和模块纵深领域专家的定位，也应积极给予 HRBP 支持和帮助，共同设计和定制相关的人力资源解决方案。

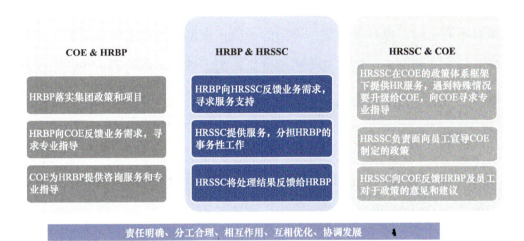

图 1.5　人力资源三支柱之间的互动关系

我们再来看看 HRBP 和 HRSSC 又是如何协同的。HRSSC 的定位是提供行政事务支持，因而当然有义务逐步接手 HRBP 的事务性工作，从而使 HRBP 能把更多的时间和精力投入到与业务支持相关的工作中。当然，承接的顺序一定是先从集团或者公司的整体需求出发，从标准化程度高、痛点集中的工作内容开始承接。HRSSC 在承接了这些事务性工作后，要将日常事务处理的结果通知到对应的 HRPB，如员工入职、离职、异动手续的完结，遇到特殊情况要升级给 HRPB 处理，如热线团队收到的对经理行为的投诉等。HRBP 在 HRSSC 的运营流程中承担着重要的 HR 审批、审核职责，如候选人的 HR 面试、录用审批中的 HR 审核等。当然，HRSSC 在进行流程再造、服务产品设计时，也要和 HRBP 充分沟通，积极听取他们的建议和意见，充分考虑不同业务部门的不同诉求。但顺序一定是先标准化，再定制化，因为所有的定制都建立在标准化的基础上。另外，HR 运营的业务流程本身并没有太大的差异，更多的个性化表现在：面对不同交付对象时服务交付界面的不同；根据不同业态进行管理控制和管理成本间的平衡；根据具体管理情景，为了满足不同管理诉求，审批和审核矩阵设计方面的不同。

最后，我们再来看看 HRSSC 和 COE 之间的互动及协同关系。HRSSC 的服务交付体系及系统平台一定是建立在 COE 的政策体系框架之下的，如 HRSSC 设计的服务流程一定要符合 COE 对于法律风险和内部控制的要求，如果遇到缺乏政策指导的情况，需要与 COE 协商，请 COE 协助补充。所以，在企业实操中，HRSSC 建设和迭代倒逼 COE 政策完善的情况屡见不鲜，通过实际需求反推政策完善也符合当代敏捷管理的思想。HRSSC 在日常运营中，如果遇到超出政策的特殊案例，如业务部门对不符合要求的人员的录用等，则需要由 COE 处理，这也是组织设计时"将裁判员和运动员分离"的具体体现。另外，COE 制定的政策通常 HR 专业属性很强，员工很难理解、更不知道如何执行。此时 HRSSC 就应当把 COE 制定的政策"翻译"成员工可以理解、知道如何执行的语言，并通过多种渠道、采用生动有趣的形式向经理、员工进行宣导和宣贯，如宣传海报、各种宝典等。此外，在日常运营中，HRSSC 还须将员工对于政策的反馈有效传递给 COE，让 COE 听到员工的声音，以便进行政策的更新迭代。而把各业务部门的特定数据和情况反馈给对应的 HRBP，让 HRBP 有机会听到员工的声音，发现问题并恰当介入管理。这些反馈包括高频被员工咨询到的政策、各业务部门的咨询和运营数据及特殊案例等。

所以，理想的人力资源三支柱不仅是责任明确、分工合理的，而且是彼此相互作用、互相优化、协调发展的。人力资源三支柱对内因为代表着不同的视角（COE 代表战略视角，HRBP 代表业务视角，HRSSC 代表员工视角），所以不仅可以让问题被充分暴露并得到有效解决，而且在制定政策和规划项目时可以接受全视角的检验，避免 HR 从业者钻到自己的职业深井中闭门造车；而对外在面向客户、投资人、业务部门和员工时又是完整、一致的 HR 形象。

那么，人力资源三支柱和六大模块又是怎样的关系呢？首先，人力资源管理工作说到底还是由过去的六大模块，加上现在的"企业文化"共七大模块组成的。只不过过去职能模式需要端到端地完成从制定政策、规划方案到下沉业务、服务员工的全过程，这不仅对从业者的综合素质有非常高的要求，而且无法满足企业战略牵引以及多元经营、全国经营甚至全球经营的诉求。另外，科学管理、职能分工下的六大模块从"企业职能"视角强调了"做什么、怎么做"，而数字化时代需要的是"经营和人才"视角，强调"为谁创造怎样的价值"。

所以，为了更好地承载甚至牵引战略，更好地服务企业的多元业务，也为了更加高效地服务员工，以及从企业职能视角切换到经营和人才视角，三支柱模式对每一个模块进行了有效的分工和协同。COE 负责依据企业经营战略制定恰当的政策，规划匹配的人力资源战略项目；HRBP 负责为特定的业务提供定制的人力资源解决方案，更好地支持特定业务的发展，实现业务部门或分公司 / 子公司业务战略的达成；HRSSC 负责通过服务产品及技术平台交付人力资源服务，为经理与员工提供便捷、高效、体验好的人力资源服务，为企业提供合规、风控的有效保障，为 COE 及HRBP 提供员工的闭环反馈及数据洞见。

表 1.1 展示了 COE、HRBP 和 HRSSC 的职能。它虽然是较常见的人力资源三支柱分工表，但也许并不完全适合每家企业，仅供参考。

表 1.1　COE、HRBP 和 HRSSC 的职能

职能	COE	HRBP	HRSSC
招聘与配置	・人才规划与盘点 ・雇主品牌运营 ・招聘渠道与资源管理 ・高端猎聘、内部竞聘的管理与实施	・业务用人需求分析 ・业务高端猎聘 ・HR 面试，关注核心价值观、通用素质及岗位素质	・招聘线上化、自动化、智能化的推动 ・简历筛选、意愿沟通、面试安排、录用、背景调查等相关招聘支持工作 ・校园招聘的组织及实施 ・招聘数据分析及执行持续改进
培训与开发	・学习型组织的打造，企业大学的搭建及运维 ・导师制设计、领导力开发、商业教练等 ・职业发展及培训体系的设计 ・培训专业供应商的管理	・承接 COE 的培训计划，在自己负责的业务部门定制并落实 ・业务培训需求挖掘与培训实施	・新员工培训、例行培训的组织 ・COE/HRBP 培训执行的承接 ・培训行政供应商的管理

续表

职能	COE	HRBP	HRSSC
绩效管理	• 岗位评估体系的设计 • 绩效评估方法论及管理体系的设计 • 业内绩效管理最优实践研究	• 参与业务关键绩效指标（KPI）的设定 • 业务绩效评估落地实施 • 业务定制化绩效评估方案设计	• 推动绩效评估的线上化 • 例行绩效考核的组织、跟进及数据提供
薪酬福利	• 行业薪酬的研究及薪酬策略的制定 • 全面薪酬、长期激励体系的设计 • 处理 HRSSC 升级的员工咨询及投诉	业务定制化薪酬福利方案设计及落地	• 薪酬福利调研的对接 • 算薪及薪酬线上化、自动化的推动 • 薪酬、福利执行，包括算发薪、报税、对账、社保公积金操作、补充福利对接及相关数据的提供等
员工关系	• 员工敬业度、满意度的管理 • 员工关系相关政策的制定 • 《劳动合同》《员工手册》等文档的制定及更新 • 解决 HRSSC 升级的员工咨询及投诉	• 员工特殊情况的处理 • 业务定制化员工沟通与关怀项目的设计和执行 • 劳动争议相关的沟通、取证等工作	• 入职、离职、异动流程的设计及线上化推动 • 入职、离职、异动手续的办理及咨询答疑 • 毕业生、实习生接收相关管理 • 劳动争议的内外部沟通、协调
组织发展	• 体系设计及政策制定 • 组织变革牵引及管理 • 干部管理，如盘点、任免、评估、培养	• 业务部门人才梯队建设及人才盘点 • 业务部门组织变革牵引及管理	• 对组织变动进行通告 • 在人事架构图中根据变动进行修改
企业文化	• 企业文化的构建及迭代 • 组织氛围的打造、沟通机制的建立	企业文化在业务部门的落地，如沟通、宣传	将企业文化植入与人力资源相关的系统平台、产品及服务中

所以，人力资源三支柱并不是对六大模块的否定或颠覆，而是人力资源管理分工和协同模式的变化，旨在更好地支持企业业务的多元化发展和全球布局。人力资源三支柱是人力资源管理从"后勤保障型"向"战略牵引型"的组织升级，目的是提升人力资源管理的战略高度和运营水平。

1.3 中国的人力资源三支柱之旅

人力资源三支柱模式诞生在讲理性、重实时、轻关系、弱互惠的西方世界，在中国独特的文化背景下，在中国特定的商业环境及高速发展的时代背景下，又奏出了怎样的旋律呢？接下来，让我们一起看一下中国的人力资源三支柱之旅。

中国企业的人力资源三支柱实践，是从华为、腾讯、阿里巴巴这些互联网企业开始的，而且诞生伊始恰逢互联网技术迅速发展，因而从一开始就被打上了"产品"和"技术"的烙印。从整体上讲，中国企业对人力资源三支柱进行了升级，如图 1.6 所示。

- 视角广阔：跳出了人力资源管理视角，从整个公司和企业经营的视角审视人力资源管理工作。
- 平台支撑：强调人力资源不仅应该有稳定的、各司其职但又无间合作的三支柱子，而且应该有支撑三支柱子与时俱进、协同发展的"人力资源数字化转型和数据管理及应用"的人力资源底座职能。

- 对象清晰：第一次清晰地定义了人力资源三支柱的服务对象，即通过服务组织、员工及管理者，间接实现客户价值。
- "家"文化内涵：充分体现了我们中国人"修身、齐家、治国、平天下"的胸襟和抱负，以及"流浪都要带着地球的"的家情怀。

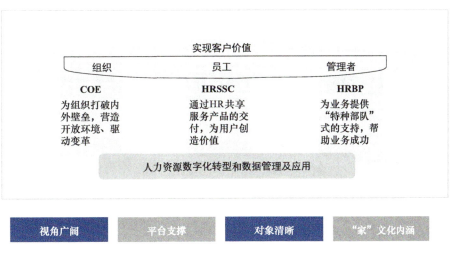

图 1.6　中国的人力资源三支柱

从形式上看，我们把人力资源三支柱变成了有地基、有屋顶的"HR House"；从内涵上看，我们明确了技术和数据是坚实的基础，既要跳出职能视角，明确客户及目标，又要从"修身"做起，才能逐步"齐家、治国、平天下"。

1.4 新时代来了，人力资源三支柱还能撑多久

在商业环境不确定、不稳定、快速变化以及新技术层出不穷的情况下，企业纷纷面临着战略转型和数字化转型的挑战。在这样的大背景下，人力资源三支柱又将何去何从？于是，有人提出开展"新时代来了，人力资源三支柱还能撑多久"的讨论。

同时，在中国企业的实践过程中，非常经典的人力资源三支柱已经越来越少，而更加适合商业模式、行业特点且更具企业特色的人力资源三支柱变体更常见。模式主要有如下三种。

- 将 COE 和 HRSSC 整合，打造从战略到落地、从政策到执行一体化的 HR 管理运营大平台，全面赋能 HRBP 做好业务支持的"两支柱"或"双引擎"模式。
- 增加了面对多元业务、不同市场及企业文化，在总部或集团的统筹下，选择变革策略并领导变革有效落地的四支柱模式。
- 把 CHO 单独拿出来，增加了 HRAP（HR 全员伙伴）、HRCP（HR 组织伙伴）及 HRSRC（HR 共享研究中心）的钻石模式。

图 1.7 展示了人力资源三支柱的变体。

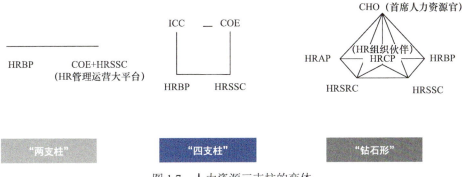

图 1.7 人力资源三支柱的变体

在以上三种模式中，两支柱或双引擎模式比较常见，例如，华为和海尔作为中国人力资源三支柱的先行者，就采用了这种模式。在这种模式下，HRSSC 的大多数事务性工作被技术或外包替代，企业内部的 HRSSC 更多承担着规划、设计及管理的职责，所以 HRSSC 和 COE 的整合能够更加相得益彰，从而为企业发展及 HRBP 提供附加值更高的平台支撑。四支柱模式常见于大型集团公司或跨国企业，因为业务的多元性及经营范围的广阔性，针对不同业务，面对不同文化的区域，变革的选择显得尤为重要。只有选择正确，才有可能成功落地，而成功落地需要以变革管理能力作为支撑。钻石模型目前看来仅仅停留在理论层面，暂时还没有在实践中看到。

但不论人力资源三支柱如何变化，它本质上仍是一种人力资源管理的协同、分工模式，其底层逻辑是要求人力资源从业者们放下手上的权力，放下管控的欲望，放下刷存在感的本能需求，踏踏实实对接企业战略，扎扎实实承载好业务需求，并用心服务好员工。所以，当有人问作者（崔晓燕）中小型企业需不需要人力资源三支柱时，她的回答如下：

也许不需要其"形"，但一定需要其"魂"，即从"企业职能视角"向"经营和人才视角"的转换，从"管控"到"服务"的演进，从靠"人"到靠"平台"的交付升级。

第 2 章
共享服务中心的昨天、今天和明天

2.1　共享服务中心的昨天

通过对第 1 章的学习，我们已经理解了人力资源三支柱的底层逻辑，并且认可 HRSSC 的重要价值和意义。此外，我们还应该从人力资源管理的发展脉络对这一模式有了一定程度的理解。而从共享服务中心的发展脉络看，HRSSC 是 SSC 模式在 HR 领域的具体应用。接下来，让我们再来看一下 SSC 的发展脉络。

这几年，伴随着共享经济、共享员工的热度以及中国的两次共享服务浪潮的到来，共享服务中心的热度也很高。但其实，共享服务中心并不是什么新概念，它已经有超过 40 年的历史了。

受银行通过建立集中化的票据处理中心，远程进行票据的标准化、规范化处理，实现规模效益、降本增效的启发，大型企业的财务部门开始尝试集中处理企业财务管理运营工作中简单、重复、交易量大的事务性工作，如员工借款和报销的处理、记账等。20 世纪 80 年代初，福特公司在欧洲成立了其第一个财务共享服务中心，这也是全球范围内的第一个共享服务中心。随后，杜邦公司和通用电气公司等大型跨国企业也在 20 世纪

80年代后期建立了类似的机构。20世纪90年代初期，惠普公司、道尔公司和IBM公司也相继建立了自己的共享服务中心。那时候，IT和互联网在企业中及社会上的应用并不广泛。企业建立共享服务中心的初衷也很简单，就是通过集中处理，产生规模效益，提高效率、降低成本。

所以，那个时代的共享服务中心特别关注选址、变革管理、流程优化及卓越运营这些支持交易集中化、标准化、批量处理并与效率提升和质量稳定相关的要素。当时比较权威的关于共享服务中心的定义是由Schulman等人在1999年提出的，即"将公司内跨组织的资源集中在一起，以更低的运营成本和更优质的服务，为多样的内部合作伙伴提供专业服务，以最终提升企业价值"。那时的共享服务中心是典型的后台部门，定位是"交易处理中心"，主要参与者是大型跨国企业。

21世纪初，共享服务中心的理念和运营模式开始在中国生根发芽。国内率先建立共享服务中心的企业有海尔、新奥、网通等知名企业。这一时期，互联网开始兴起，信息化手段被越来越多地运用到共享服务中心。共享服务中心普遍建立了核心数据库系统和主要的业务处理系统，效率得到了进一步提升。由于信息化手段的助力，越来越多的服务内容和交易环节被纳入共享，共享服务中心的业务由过去的点状连成了线。除财务部门以外，HR、IT、采购等部门也开始陆续采用共享服务的理念和运营模式。这就是共享服务中心的昨天，如图2.1所示。

　　总结一下，共享服务中心模式是受银行票据业务集中处理的启发，最早从财务职能开始，在当时经济发达、人工成本较高的欧洲诞生的。主要参与者是业务成熟、稳定的大型跨国企业。初衷就是通过集中化、规范化的处理，提升效率、降低成本。随着技术手段的赋能，越来越多的职能（包括 HR）部门也开始采用这一模式。中国企业是在 21 世纪初才开始采用这种模式的，但从创建伊始就更具产品思维和技术属性。

 业务处理中心，员工服务中心

20世纪80年代初，福特公司在欧洲成立了财务服务共享中心，随后，杜邦公司和通用电气公司也在20世纪80年代后期建立了相似的机构

20世纪90年代初期，惠普公司、道尔公司和IBM公司也相继建立了自己的共享服务中心

21世纪初，这一模式开始在中国生根发芽，国内率先建立共享服务中心的企业有海尔、新奥、网通等

互联网开始兴起，共享服务中心普遍建立了主要的业务处理系统和核心数据库系统，效率得到了进一步提升

由于信息化手段的助力，越来越多的服务内容和交易环节被纳入共享

除财务部门以外，HR、IT、采购等部门也开始陆续采用共享服务的理念和运营模式

定义

"将公司内跨组织的资源集中在一起，以更低的运营成本和更优质的服务，为多样的内部合作伙伴提供专业服务，以最终提升企业价值。"
——Schulman等人，1999年

图 2.1　共享服务中心的昨天

2.2　共享服务中心的今天

　　目前，企业面临的商业环境正在重构，而我们也已经进入数字化和智能化的时代。共享服务中心也正面临价值重构。越来越多的企业开始构建

其共享服务中心，其中最积极的当属中国的民营企业。当然，国有企业也当仁不让。在数字化时代，企业的数字化转型不仅包括业务和营销，而且包括后台的管理和运营。于是，数字化手段被更广泛地应用于共享服务中心。

业务处理系统和数据库已经远远不能满足共享服务中心的需求，解决业务协同的工作流，解决工作任务分配、监控和管理的工单系统，细分垂直领域的业务处理系统（如考勤、招聘、培训等）被广泛应用。与此同时，共享服务中心更加关注与用户的连接，并希望无形的服务能够可视和有形化，于是自助服务门户、自助服务移动应用、自助服务终端、员工服务大厅等雨后春笋般蓬勃发展起来。

系统再也不仅仅服务后台职能部门，而是同时服务经理和员工。先驱者们应用电子签章技术彻底实现了无纸化和线上化，并通过 RPA（机器人流程自动化）技术进一步提升业务处理效率，实现"最后一公里"的自动化，利用 AI 技术提升招聘和面试效率及信效度，实现员工咨询的智能应答等。

商业环境的重构和技术的飞跃，要求共享服务中心更加关注自身业务价值的提升，定位也被升级为"业务合作伙伴和管理运营解决方案"专家。今天的共享服务中心被定义为"通过对人员、技术和流程的有效整合，实现组织内公共流程的标准化和简化的一种创新手段。作为一种战略性业务架构，共享服务以客户服务和持续改进的企业文化为核心，实现价值导向服务，促使组织在更大范围内，甚至在全球范围内能够集中精力于自身的核心能力，从而使各业务单元创造更多的附加价值"。共享服务中心的今天如图 2.2 所示。

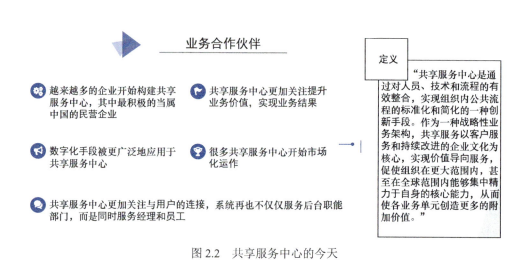

图 2.2　共享服务中心的今天

作为数字化时代的共享服务人，我们的定位被提升到了前所未有的高度，前途无量，大有可为！共享服务人要一起努力创造属于我们自己的共享服务新时代。

2.3　共享服务中心的明天

那么，共享服务中心的明天会是怎样的呢？

首先，未来企业所面临的商业环境会比今天还复杂，还不确定，这就要求企业要保持敏捷的组织形态，聚焦于自身的核心能力和竞争力。与此同时，社会分工也在进一步细化。所以，企业内部的共享服务中心要在更广泛的社会范畴内共享，以进一步产生规模效益成为趋势。很多企业的共享服务中心已经开始将其驾轻就熟的、简单重复的工作内容外包，以进一步降本增效，实现轻运营、聚焦核心价值。有些企业的共享服务中心，甚至在建立初期就和供应商合作，采用"共建共赢"模式，直接进行流程改造、技术和外包替代。第 4 章会详细介绍"共建共赢"模式，这里不再赘述。

其次，随着新技术的成熟以及更广泛和深入的应用，特别是 RPA、电子签名等新技术的普及，也迫于中国人口红利的消失，简单重复的工作内容被技术替代势不可挡。共享服务中心的自助化及自动化水平还将不断提升，很多一线岗位将被技术替代。

那么，面临外包的广泛使用和技术替代的趋势，身处企业内部的共享服务中心的最大价值是什么呢？

首先，企业内部的共享服务中心要有能力有效整合内外部资源，为我所用，设计并组织最适合本企业的共享服务交付和外包模式，并且要有能力根据企业状况进行随时、灵活调整；在外包出去后，还要有能力对这些多元的外包商组合，进行有效的管理和监控，对交付结果负责。

其次，数据是明天的共享服务中心最大的财富。如何通过海量数据提供管理洞见？如何通过大量的交易数据和员工行为数据，反推业务精进，预警业务问题，辅助业务决策？如何通过工单语义分析，更加理解员工，更有针对性地满足员工需求，更前瞻性地预测员工行为并提供服务？这些是我们从今天就要开始思考的问题。

最后，随着数字化时代的到来，员工体验才是我们应该花时间和精力与供应商一起设计的。目标是通过每一次服务，让员工体验到公司的价值观和企业文化，缩短新员工融入组织的周期，强化员工和组织之间以及员工之间的联结感，让员工在工作中体验到成就感、自豪感，并在必要时可以获得授权、支持和帮助，持续驱动员工敬业度的提升。共享服务中心的明天如图 2.3 所示。

管理运营的解决方案专家中心

随着电子签名和电子发票的推广以及技术的广泛应用，自助服务比例还会持续上升

有效整合内外部资源，为我所用，设计并组织最适合本企业的共享服务交付和外包模式，有能力根据企业状况进行随时、灵活调整，并且有能力对多元的外包商组合进行有效的管理和监控

随着新技术的广泛应用和社会分工的进一步细化，外包将成为最大的趋势

通过海量的数据提供管理洞见、反推业务精进，预警业务问题，辅助业务决策；通过分析和预测员工行为，更有针对性和前瞻性地满足员工诉求

关注员工体验，通过每一次服务，向员工传递企业文化和核心价值观

图 2.3 共享服务中心的明天

随着事务性工作的外包和技术赋能，共享服务中心的价值将进一步提

升，成为企业"管理运营的解决方案专家中心"。所以，用好技术和供应商，管好和用好数据，用心设计员工体验才是未来企业内部共享服务中心的核心价值和能力。

2.4 HRSSC的中国之旅

就像人力资源三支柱的本土化一样，中国本土企业HRSSC的大规模建设也恰逢互联网的兴起，被普遍认为做得比较好的也是BATJ（百度、阿里、腾讯、京东的合称）等第一梯队的互联网企业。所以，中国的HRSSC天然具有更强的互联网思维、产品意识和技术属性。以腾讯为代表的优秀中国企业，更是将"SSC"升级为"SDC"，其底层的差别如下。

- 从"被动响应"到"主动关注用户需求"，而且这些需求不是自上而下的政策落实，而是源自基层用户的。从"被动"到"主动"是从"低头应对一个又一个看似独立的需求"到"主动设计、闭环交付、持续优化"的产品经理思维的转变。
- 从服务于"基础人事工作"到"同时满足多端需求"，即区分客户和用户，针对不同的群体，明确定位，针对痛点设计产品，且确保产品满足不同群体的不同诉求，体现不同的价值定位。

- 从共享"事务"到共享"资源",也就是说,不仅是人事基础事务的共享,而且是通过集中交付实现交付界面、能力、团队等资源的共享。

- 从"数据分析"到"大数据管理",也就是说,从针对职能模块的数据统计、分析和监控,到实现能够帮助人力资源管理者进行预测和前瞻性管理的大数据分析。

如图2.4所示,腾讯的SDC将自身定义为"体系化、可持续、一体化、超预期的HR服务交付平台",并将包括组织、高管以及COE和HRBP等专业用户在内的群体视为自己的客户,致力于为他们提供可靠、值得信赖的人力资源服务平台;而将广大的经理、员工视为自己的用户,致力于为他们提供便捷、体验好、满意度高、热情、高效、专业的人力资源服务。腾讯的SDC做了如下坚持:

- 用"服务"推"管理",希望做到"看得见的服务,看不见的管控";
- 用"产品"绑"用户",希望通过自己精心设计的产品交付服务赢得用户;
- 用"交付"显"价值",即通过交付设计让降本增效、风控合规、体验提升切实落地。

腾讯的SDC认为,共享服务中心的建设只是手段,为客户和用户提供高价值、场景化的员工服务才是目的,而成本、效率和员工体验是检验共享服务中心价值的三大标准。

| 交付 | 数字化 | 大数据 |

SSC	SDC
被动响应	主动关注用户需求
基础人事工作	同时满足多端需求
共享"事务"	共享"资源"
数据分析	大数据管理

体系化、可持续、一体化、超预期的HR服务交付平台
☐ 左手客户，组织、高管、COE、HRBP，可靠、给力、值得信赖
☐ 右手用户，经理和员工，便捷、体验好、满意度高、热情、高效、专业
☐ 用"服务"推"管理"，用"产品"绑"用户"，用"交付"显"价值"
☐ 集成是手段，高价值和场景交付是目的，成本、效率、员工体验是检验标准

图 2.4 腾讯的 SDC 的定义

所以，SDC 中的"D"不仅代表着交付（delivery），还代表着数字化（digitalization）和大数据（big data）等新技术、新思维。

2.5 共享服务无限可能

如图 2.5 所示，共享服务无限可能。时代赋予今天的共享服务人全新的使命和担当，我们看到今天的共享服务中心越来越像公司一样运营，甚至有的共享服务中心从建立之初就作为独立法人实体运作。我们也看到数字化时代的共享服务人在不断跨界，不仅懂 HR，而且懂服务，懂流程，懂技术，懂数据。以下趋势有目共睹。

（1）交付模式突破了地域限制，
带来了新一轮的降本增效

（2）人力资源基础设施逐渐成熟，
企业共享服务中心的建设和成熟正在加速

（3）服务内容不断丰富，价值
不断提升

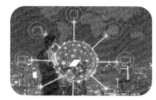

（4）业务逐步线上化、自助化和
自动化，智慧共享成为可能

（5）产品思维、流程再造、体验设计、
技术应用、数据意识正在成为新时代
共享服务人的基本素养

（6）大共享、市场化运作、对外
赋能正在成为趋势

图 2.5　共享服务无限可能

过去，在人力资源服务的交付场景中，有两个线下场景无法突破：一个是社保、公积金，一定要到窗口办理；另一个是劳动合同、人事协议一定要打印出来纸版并签字。这也是很多公司将社保操作业务外包的原因。但是，随着电子签名技术在劳动合同中的应用被认可，以及"51 社保"这类采纳互联网思维、全国运营的专业社保代理供应商的出现，这两个线下交付的场景被彻底突破。共享服务中心的交付不再受地域限制，而能够独立、远程完成面向客户及用户的"最后一公里"交付。这不仅带来了新一轮的降本增效，而且进一步加快了共享服务中心的数字化程度和员工体验的提升。

今天，人力资源服务行业不断成熟，并为企业人力资源共享服务中心的建设和升级提供着包括方法论、技术和运营在内的、坚实的基础设施支持，助力企业共享服务中心的建设和成熟不断加速。过去，一家企业的人力资源共享服务中心从规划到完成框架的搭建，通常需要 5 到 8 年的时间；而今天，随着越来越多优质、专业的人力资源服务商的出现，在其帮助和赋能下，企业的人力资源共享服务中心的建设周期已缩短为 1 到 3 年的时间。

随着企业管理层对共享服务中心认知和认可度的提升，以及共享服务相关的方法论体系和技术的成熟，被纳入共享服务中心的工作内容也在不断丰富，从过去"简单重复、交易量大、容易标准化"的工作内容，到"可以通过数字化手段再造和赋能"的业务，再到"对员工体验影响大、对合法合规及风控要求高，甚至对企业业务影响大"的工作内容，正在被逐步纳入共享服务中心。共享服务中心的价值定位也随之提升。

随着 RPA 和 AI 等新技术的应用，共享服务中心的服务内容开始线上化，自助化、自动化和智能化的比例还在不断提升。业务的线上化使得数据得以积累和沉淀，这不仅为数据洞见打下坚实的基础，而且使 AI 的深度应用和智慧共享成为可能。当然，这也会提升多元数据管理的难度和复杂度。

共享服务中心是人力资源和企业运营的合体。所以，共享服务人才是 HR 团队中典型的跨界人才，他们不仅要懂 HR，而且要有产品思维和数据意识，更要能够扎扎实实地再造流程，设计服务产品和员工体验，用好新技术，这些能力正在成为数字化时代共享服务人的基本素养。

随着单一职能共享服务中心的成熟和企业对精益化运营的要求，跨人事、财务、采购、行政等职能部门，横向拉通的大共享模式正在成为趋势。同时，由于市场对共享服务实战经验和资源的需求以及市场供给的不足，因此很多企业的共享服务中心开始对外赋能，比较常见的是提供与共享服务中心搭建、数字化规划和流程再造相关的咨询服务。

第 3 章
走进共享服务，走进 HRSSC

3.1　共享服务中心的定义和相关概念

关于共享服务中心的定义有多个版本，目前大家比较认可的版本如下。

共享服务中心是通过对人员、技术和流程的有效整合，实现组织内公共流程的标准化和简化的一种创新手段。作为一种战略性业务架构，共享服务以客户服务和持续改进的文化为核心，实现价值导向服务，促使组织在更大范围内，甚至在全球范围内能够集中精力于其核心能力，从而使各业务单元创造更多的附加价值。

除人员、技术和流程外，作者还想加上"数据"，因为共享服务中心天然具备数据密集属性，这也是企业内部共享服务中心的核心价值和关键能力。

对定义做完补充之后，我们一起解读一下。

共享服务中心是一种推动组织"敏捷"转型的"战略性业务架构"。企业建立共享服务中心是为了"能够集中精力于其核心能力"，所以它对于企业而言是坚实的地基，是"航母的甲板"。

共享服务中心的核心准则是"客户服务、持续改进和价值导向",即必须是从客户和用户视角出发的,是不断迭代和演进的,是聚焦价值创造的。

共享服务中心的工作准则是标准化、简化和创新。标准化是基础,简化是要坚持的准则,通过流程及技术的创新则是关键。

构成共享服务中心的要素包括人员、技术、流程和数据,而且必须以"服务产品"作为载体对这些要素进行有机整合,通过产品交付服务,通过平台支持运营。

接下来,让我们一起来学习几个相关的概念。

- 泛共享:将共享服务中心的运作模式作用于企业业务本身,如银行的票据中心、电信的呼叫中心、连锁餐饮的中央厨房等。在互联网企业中,也有人将这种模式称为组织中台。
- 大共享:将财务、人事、行政、IT 等多个职能的共享服务中心横向拉通成跨职能的共享服务中心,这种模式通常建立在单一职能共享专业沉淀相对扎实的基础上。
- SDC（Service Delivery Center,服务交付中心）:这个概念源于腾讯,SDC 是更加强调产品和平台支撑的。具有中国特色的并且属于互联网模式的共享服务中心模式。
- GBS（Global Business Service,全球业务服务）:服务于全球业务的、跨职能的大共享模式,常见于非常成熟的大型跨国企业的共享服务中心，如通用电气的GBS、康明斯的CBS（Commins Business Service）等。

HRSSC是SSC模式在HR职能部门的具体应用。然而，我们熟悉的共享单车、共享充电宝属于共享经济的范畴，与共享服务的关联性不大。

3.2 共享服务中心生态全景及五要素

理解共享服务中心的定义及相关概念后，让我们一起对照图3.1，看一下属于数字化时代共享服务中心的生态全景。

共享服务中心是一个能够有效服务客户和用户，并能够和合作伙伴有效协同、合作共赢的，能够和组织内部相关部门及外部相关机构有效联动的，架构在数字化时代共享服务方法论体系之上的，基于共享服务中心组织发展、文化建设及个体激活体系的"数字化的一站式共享服务平台"。

这一数字化平台又架构在企业IT基础设施之上，将共享服务核心能力在中台进行沉淀，能够全面支撑共享服务业务处理和协同办公。在前台，它能够为用户提供"重体验、强交互、移动化、社交化"与"触手可及"的服务渠道，并且能够为客户提供"基于人工智能和大数据"的数据分析平台和管理者驾驶舱。

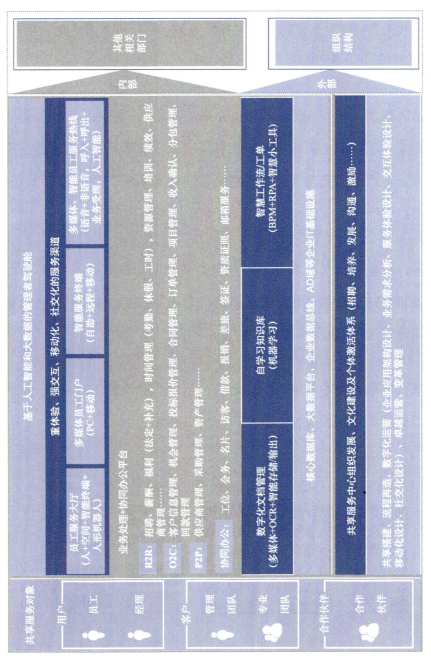

图 3.1 共享服务中心生态全景

注意，不论在什么时代，方法论永远是基石，本书会用一整章进行讲解。我们做人力资源管理工作的人都深刻理解，组织和人永远是最重要的，组织结构设计对了，组织变革就成功了一半。

激活和赋能共享服务的小伙伴更是至关重要的，因为他们是创新的原动力，是共享服务中心的代言人。数字化运营一定要能够有效支撑共享服务中心的业务处理，因为这是共享的核心能力和基础，没有这样的底气，我们连可信赖的合作伙伴都不是，何谈增值？何谈体验？

另外，我们必须关注和服务对象的有效互动，做到服务可视、有形，为我们的用户打造触手可及的服务渠道，为我们的客户提供基于人工智能和大数据的管理者驾驶舱。

了解共享服务中心的生态全景之后，让我们对照图 3.2 ，进一步拆解其构造，理解构成共享服务中心的五大核心要素。

图 3.2　共享服务中心五要素

（1）方法论。任何体系都应始于方法论，方法论能够指导我们进行体系化思考，有序、有效行动，少走弯路，避免企业资源的浪费和团队士气受挫。数字化时代的共享服务中心方法论包括牵引和推动变革落地的变革管理，让业务得以有效孵化、平稳过渡、顺利衔接的移交管理，支持业务实现标准化、简化和线上化、自动化、自助化的流程再造，支持流程从"如何做"到"为什么做、为谁创造什么样的价值、如何评价做得好不好"的产品设计以及如何将产品线上化、实现人力资源管理运营数智化转型的共享三化再造，即业务流程化、流程产品化、产品线上化。

（2）工具。工具能够帮助我们快速上手，有效指导实操，提升管理与运营的效率和专业度。具体包括和客户充分沟通以达成对于服务边界、范围、交付形式、评价标准的共识和承诺的 SLA（服务水平协议），指导实操做什么、怎么做、做到什么程度的 SOP（标准运营手册），以及有效管理 HRSSC 各团队和个人绩效，不仅确保 SLA 得以达成，而且确保整个 HRSSC 可以持续发展、有效平衡的 KPI。

（3）组织。共享服务中心既需要高瞻远瞩的顶层设计能力，又需要落笔毫厘的执行力，更需要能够打通职业发展通道，有效搭建自己的人才梯队，并有目标、有规划地进行培养。此外，共享服务中心需要通过文化建设体系，打造一支有同理心、有亲和力和服务意识，细心、耐心、用心，并善于发现问题、解决问题的一线团队。共享服务中心更需要一支勤于反思、复盘、迭代，善于沟通协调、解决问题的中层团队。以上这些都要靠高层领导用心策划组织发展体系，营造团队文化，悉心培育人才。

（4）技术。数字化的共享服务中心不仅要提升规模效益，还要通过数字化的手段和思维模式，完成业务的线上化、自动化、自助化及智能化，完成人力资源管理运营的平台化。这不仅包括管理组织框架的组织人事系统、支持人力资源管理运营的平台，而且包括和客户及用户建立链接的多端门户以及有效管理和挖掘数据价值的数据平台。

（5）数据。共享服务中心天然具备数据密集属性，通常负责整个公司人力资源主数据库的建设和运维。在"数据是未来燃料"的今天，随着人力资源运营工作的不断线上化，数据来源的多样性和数据量级也随之增加。共享服务中心不仅要通过建立数据标准，将数据治理常态化，管理好宝贵的数据资产，还要充分调动数据思维，利用工具，用好数据。今天，相对成熟的共享服务中心都有明确的数据分工、兼职的数据团队，并且也都在尝试一些数据分析项目。有些大企业甚至还有专职的数据团队，并尝试在外部供应商及 IT 团队的协助下，构建自己的数据管理和分析平台。

综上，方法论、工具、组织、技术和数据是构成数字化时代共享服务中心的五大核心要素。

3.3 企业建立 HRSSC 的目的

那么，企业为什么要建立 HRSSC 呢？让我们对照图 3.3，一起看一下企业建立 HRSSC 的常见目的。

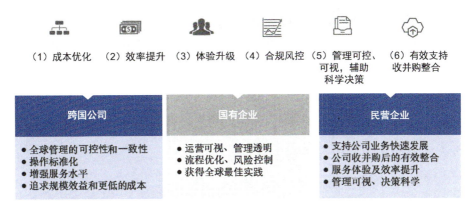

图 3.3 企业建立 HRSSC 的目的

从共享服务中心的发展历程和定义中，我们不难看出，降本增效一定是最基本的诉求，员工体验的整体提升和合规风控的有效落地是数字化时代赋予共享服务中心的使命与担当。通过共享服务中心流程标准化的建设和线上化的设计，让管理更加透明、可视、可控，通过数据辅助科学决策，是很多共享服务中心建设的管理诉求。有些企业（特别是中国的民营企业）在发展过程中往往伴随着相对高频次的收并购行为，促进收并购后的有效整合，也就是将收并购后的企业整合到自身的管理运营体系中，以更好地发挥业务互补优势，则是共享服务中心建设比较常见的战略诉求。

从图 3.3 可知，不同类型的企业对建立共享服务中心的诉求略有不同。

大型的跨国公司通常业务相对成熟、稳定，更加关注总部对于全球业务管理的可控性。所以，此类企业会更加关注共享服务中操作标准化带来的全球管理的可控性和一致性，并且更加关注服务水平的提升。通过规模效益降本增效，是此类最早参与共享服务中心建设的组织最基本的诉求。

国有企业是中国经济发展的中流砥柱，稳健发展是此类企业最关注的。所以，国有企业更期望通过共享服务中心的建设让运营更加可视，让管理更加透明可控，并且期望通过流程的优化控制风险，同时借鉴全球最佳实践，在稳健发展的同时保持创新和活力。如前所述，国有企业已经成为今天共享服务中心建设的新生力量。

中国的民营企业既是市场竞争的充分参与者，也是自主权和驱动力最大的一类组织形态。中国的民营企业建立共享服务中心的主要诉求是支持公司业务的快速发展，特别是发展过程中相对高频次收并购行为后的有效整合，从而在降本增效的同时，从整体上提升员工体验。由于所面对商业的环境不确定，因此此类企业同样特别关注管理的可视及决策的科学。

如前所述，现在很多企业把建立共享服务中心作为人力资源战略转型及人力资源数字化转型的变革抓手。因为人力资源要从后勤保障向战略牵引转型，首先 COE 和 HRBP 要从事务性工作中解放出来，而人力资源数字化转型的前提也是思维模式、协同方式的改变以及业务流程的重塑。这一趋势已被《德勤 2020 中国人力资源共享服务调研报告》印证。如

图 3.4 所示，"推进人力资源数字化转型"和"推动人力资源战略转型"已经成为超过半数企业建设共享服务中心的目的。

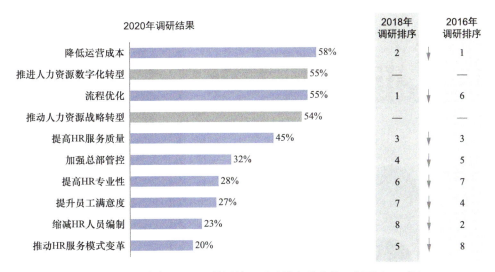

图 3.4 企业建立 HRSSC 的目的（对于排名及占比，仅列出 10 位）

3.4 HRSSC 的常见服务内容

HRSSC 的常见服务内容如图 3.5 所示。

- 招聘支持，通常包括校园招聘实施（如前期的需求整理、启动前的准备、宣讲会，以及笔试、面试的组织联络工作等），社会招聘支持（如职位广告的撰写和发布、简历搜索和筛选、意向沟通、面试安排等），以及雇前与背景调查相关的支持性、事务性工作。

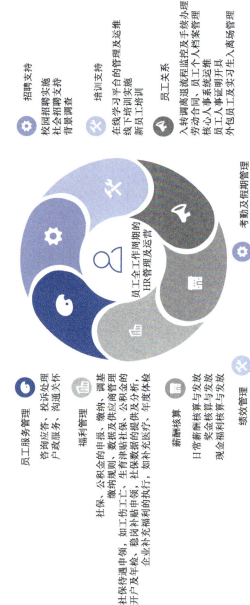

图 3.5 HRSSC 的常见服务内容

- 培训支持，通常包括在线学习平台（e-learning）的内容管理和系统运维，线下培训的组织实施（包括学员名单及出勤确认、培训场地及相关行政准备和后勤支持、培训现场支持、培训后评估反馈等），以及常规培训的执行（如新员工培训等）。

- 员工关系，通常包括员工入职、转正、调动、离职、退休、返聘等线上流程的监控，人事手续的办理以及与之密切相关的劳动合同、人事协议的管理，员工个人档案的管理（对于有人事档案权的企业来说，员工人事档案的管理通常包括存档、调档、借阅等。对于没有人事档案权的企业来说，员工人事档案的管理通常包括员工的学历及学位证书、身份证复印件、劳动合同、人事协议等资料的建立、更新和借阅）及核心人事数据的增、删、改、查等。员工人事证明的开具包括在职证明、薪资证明、实习证明等。此外，如果公司使用了外包人员和实习生，那么通常还包括外包人员和实习生的入场、调动和离场管理。有些企业还会把劳动争议的处理也交给 HRSSC 处理，或由 HRSSC 和 HRBP 配合处理，包括内外部争议、劳动监察、社区监督等。

- 考勤及假期管理，通常包括劳动争议处理，员工考勤异常的核对和处理，休假规则和假期存量的管理，福利假（如婚假、产检假、陪产假等）的 HR 审核（通常指的是对政策和请假支持文档的审核）。

- 绩效管理，通常包括绩效管理系统的业务运维（如考核池的管理、考核周期的设定、系统使用指导及咨询答疑等），绩效管理支持（如目标设定、绩效辅导及考核等任务的通知及完成跟进），以及绩效数据及报表的提供等。

- 薪酬核算，通常包括日常薪酬和奖金的核算与发放，如薪酬前置数据（人事异动数据、绩效数据、考勤数据等）的收集及核查、薪酬核算与发放、报税、薪资答疑、薪酬数据提供、人力成本分析、控制等。有些企业也会把现金福利（如内部推荐奖金）的核算与发放交给 HRSSC 处理。

- 福利管理，通常包括社保、公积金的增员、减员、月度缴纳、年度基数调整、社保待遇申领、社保卡办理等，如果企业使用了社保代理或委托各地 HRBP 或其他岗位协助处理，那么 HRSSC 通常还要负责缴纳规则和数据的管理以及供应商的管理；社保、公积金的开户及年检、稳岗补贴申领、社保数据的提供及分析等；对于有补充福利的企业，补充福利通常由共享服务中心在第三方的协助下为员工提供，其中较常见的就是补充医疗和年度体检。

- 员工服务管理，通常包括员工咨询应答及投诉处理，如员工对于 HR 相关政策、流程、系统使用等问题的咨询处理以及投诉的记录、转派、跟踪等；户政服务，包括工作居住证以及北京、上海等城市积分落户办理的企业支持。有些企业还会将沟通关怀相关的工作交给共享服务中心来完成，包括生日及司龄关怀、结婚及生育福利、节日关怀及 EAP（员工帮助计划）等。

以上都是围绕员工全工作周期开展的人力资源管理及运营相关的工作。由此可见，HRSSC 的服务内容涵盖员工从入职到转正、在职、再到离职及离职后管理在内的整个工作周期。在员工心目中，HRSSC 就是企业的 HR，而 HRSSC 也是人力资源三支柱体系中对员工满意度影响最大的一支柱子。

除此之外，HRSSC 还是企业人力资源管理和运营的基石，从这个角度看，HRSSC 要做的工作通常还包括如下内容。

- 人力资源数字化规划及实施，通常包括业务规划的组织及设计的探讨，立项、资源协调及项目管理，相关的系统培训或宣传推广等；组织资源的研究和新技术的探讨，如 RPA（机器人流程自动化）、AI（人工智能）技术的应用等。
- 人事数据的管理及应用，如核心人事系统（人力资源主数据库，通常包括组织数据、个人信息及职务数据）的建设及运维（通常高频发生在员工异动和组织调整时，须确保人事主数据的全面性、准确性和及时性），数据治理体系的搭建及实施，数据分析体系的搭建等，这些内容会在后面的章节中详细讲解，这里不再赘述。
- 人事章的管理，通常包括新章的刻制、旧章的废止以及人事章的下放、回收和使用管控等。

- 其他人事事务，如企业黑名单（即对企业拒绝二次雇用的人员名单的管理）、特殊工时及劳动用工管理。

根据《德勤 2020 中国人力资源共享服务调研报告》，HRSSC 的主要服务内容如图 3.6 所示。

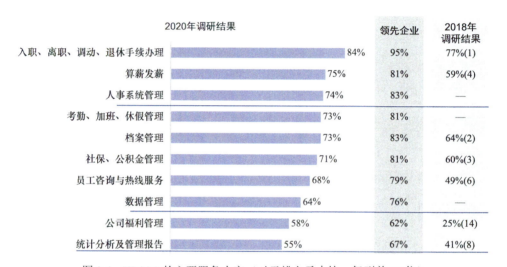

图 3.6　HRSSC 的主要服务内容（对于排名及占比，仅列前 10 位）

3.5　HRSSC 的常见岗位设置

根据 HRSSC 的主要服务内容以及共享服务中心经典的分层交付模型，HRSSC 的常见岗位设置如图 3.7 所示。

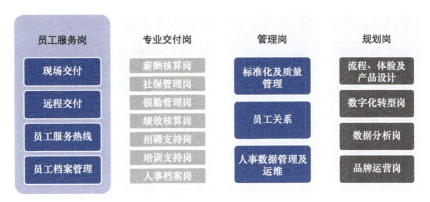

图 3.7　HRSSC 的常见岗位设置

首先，面向员工，提供高频、标准化人事服务的员工服务岗。他们的工作内容通常包括如下三大类。

第一大类是入、转、调、离等人事手续的办理，以及伴随这些人事手续办理的劳动合同的签订和变更，员工信息及资料的收集、维护、存档等。在使用纸版合同的年代，这部分工作通常是现场交付的。但随着人事流程的线上化及电子签名在劳动合同中的应用，这部分工作的远程交付逐渐成为趋势。

第二大类是员工服务热线，即应答员工咨询、处理员工投诉。企业建立员工服务热线，不仅能够打造员工服务品牌，提升员工体验，而且能将业务处理和咨询应答有效分离，更能让知识在组织内部得以沉淀并通过员工的使用持续激活。员工服务热线在日常运营过程中产生的大量数据极具含金量。所以，很多共享服务中心在组织和流程再造后，都会考虑建设自己的员工服务热线，把点对点（员工对 HRSSC 业务办理人员）的模式变为点对平台（员工对服务热线）的模式。现在还有一种趋势——将 AI 智能客服引入员工服务，这样不仅可以为员工提供 7×24 小时的自助式服务，而且能进一步提升效率，但前期的语料整理、机器人设计以及后期的持续训练至关重要。由于员工联络中心对于 HRSSC 的重要价值和作用，我们会在后面用一整章的篇幅进行讲解，这里不再赘述。

第三大类是员工档案管理，所需人力要比前两大类少很多。因为这里管理的并不是员工的人事档案，而是企业的员工个人档案，所以有些企业会请员工兼任，工作内容主要是在员工入职时建档并负责运维及借阅的管理。

其次是专业交付岗，这类岗位通常可以按照模块进行划分，包括负责薪酬核算和数据管理的薪酬核算岗，负责社保规则、操作及数据管理的社保管理岗，负责假期、考勤管理（简称假勤管理）与绩效管理的假勤管理岗和绩效管理岗，提供诸如职位发布、简历搜索及初筛、意向沟通、面试安排、测评组织等招聘行政工作支持的招聘支持岗，提供线下培训实施的培训支持岗和管理员工人事档案的人事档案岗（需要企业有人事档案权）。

最后就是为 HRSSC 甚至整个人力资源部赋能的共享服务中心专属岗位了。主要工作内容有共享服务的标准化管理，如新业务的孵化、SLA 及 SOP 的定义和管理、客户满意度调研等，并作为独立的第三方对共享服务的交付质量进行管理。随着业务线上化程度的不断提升、数据组成和来源的多样化，以及数据量的不断增加，人力资源数据管理的复杂度和专业度也随之提高，很多共享服务中心还会设置专业的数据管理及运维团队。由于 HRSSC 的员工高频触点的定位，有些公司会把员工关系从 COE 到 HRSSC 的全部职责纳入 HRSSC 的业务范畴。

在数字化时代，共享服务中心定位的变化也衍生出很多新的岗位，其中最典型的就是规划类岗位。这类岗位具有人力资源领域和流程、体验、产品、数据及品牌的跨界职能，通常包括：

- 负责人力资源管理流程再造、员工体验设计和人力资源服务产品设计的产品经理岗；
- 负责企业人力资源数字化转型的 HRIS 岗，即人力资源信息化规划、管理和运营岗。

很多相对成熟的大型企业或互联网企业的共享服务中心还会设置数据分析岗，负责人力资源指标体系和数据平台的搭建及运维。有些超大规模的共享服务中心还会设置品牌运营岗，负责共享服务这一企业内部人力资源员工服务品牌的打造和运营以及服务产品的宣传和推广等。

图 3.8 展示了共享服务中心的人才需求和晋升通道。

从软素质来讲，共享服务中心所需的人才首先需要具备亲和力和服务意识以及沟通协调能力，因为我们不仅需要高频地和经理、员工等广大用户进行沟通，为他们提供服务，而且需要和管理者、COE、HRBP 等客户进行沟通、探讨，并协助他们有效解决问题。其次，他们需要细心、耐心、踏实和努力，因为共享服务中心在日常运营过程中需要处理大量的事务性工作。最后，他们需要有非常强的学习能力，因为共享服务中心无论是从组织机制、协同模式、工作流程，还是从数字化手段等方面都在不断变化之中，这对从业者提出了越来越高的要求和挑战。

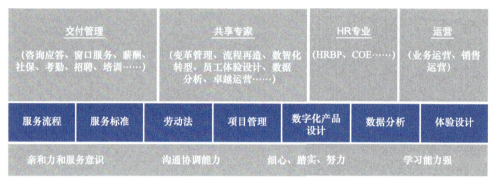

图 3.8　共享服务中心的人才需求和晋升通道

从知识和技能的角度来讲，共享服务中心所需的人才首先要能够理解流程和服务标准并且遵照执行；其次要懂法，特别是人力资源管理相关的法律法规，包括《中华人民共和国劳动法》《劳动合同法》和《社保法》，因为只有理解了这些底层的法律法规，才能对流程和服务标准知其所以然，并且在遇到特殊情况时，才知道如何在守住底线的基础上灵活应对。除前面提到的知识和技能以外，共享服务中心的管理者还需要熟悉项目管理（因为作为管理者，需要通过领导不同的项目来推动 HRSSC 整体管理运营能力的升级）并具有数字化产品设计、数据管理及分析、体验设计等跨界的知识和能力。

从晋升通道来讲，一线的员工服务岗或交付岗既可以向交付管理岗进阶，从作为个人贡献者为经理和员工直接提供服务到带领团队为经理和员工提供服务，从负责薪酬、社保、考勤、招聘、培训等事务性工作到负责质检、复核，甚至带领团队进行交付；也可以进阶为市场上非常紧俏的、跨界的共享专家，进而负责项目变革、流程再造、数字化平台、数据分析体系的搭建等。

现在，很多企业会把HRSSC作为整个HR团队的"黄埔军校"，即无论将来的定位是COE还是HRBP，所有新入职的一线HR员工都要先从HRSSC历练起。当COE和HRBP出现空缺时，优先考虑来自HRSSC的员工，因为他们不仅认同企业文化，而且熟悉企业和员工，有绩效背书，能完全理解企业人力资源管理运营的底层逻辑。另外，由于HRSSC的管理和规划类人才具备运营的跨界能力，因此很多企业的业务运营部门、销售运营部门也非常乐意从HRSSC中挑选自己所需的人才。

根据《德勤2020中国人力资源共享服务调研报告》，数字化时代催生了HRSSC的很多新兴角色（见图3.9），包括体系化推动员工体验提升以推动敬业度及生产力提升的"员工体验工程师"，设计和迭代人力资源服务产品的"产品经理"，负责企业人力资源数据资产管理及数据应用和分析的"数据分析专家"，以及推动企业人力资源数字化转型的"自动化HR专家"。

图 3.9　HRSSC 新兴角色

如图 3.10 所示，新时代也对 HRSSC 的关键能力提出了很多新的要求，除客户导向、高效沟通、专业交付这些基本要求以外，还提出了设计思维、持续创新、精益管理、敏捷学习和移动互联等新的要求。

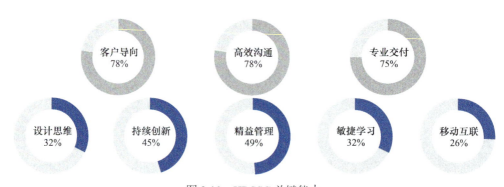

图 3.10　HRSSC 关键能力

数字化时代的共享服务人要能够跟得上时代的进步，不辜负时代的期许，不断提升自己与时俱进的能力。

3.6　HRSSC 的常用技术手段

根据《德勤 2020 中国人力资源共享服务调研报告》，HRSSC 的常用技术手段如图 3.11 所示。

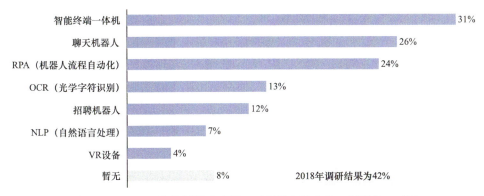

图 3.11　HRSSC 的常用技术手段（对于排名及占比，仅列前 10 位）

智能终端一体机是一种自助服务终端，最初是为了支持员工自助打印盖好红章的人事证明而研发的。此外，它还支持通过高拍仪自助收集员工身份证及学位 / 学历证书的影印件，支持劳动合同的自助打印和签字后的回收，支持员工报销单及补充商业保险报销单的收取，有的甚至集成了电子签字板以支持电子签名。

除这些基本功能之外，一些智能终端一体机还增加了发卡器，支持工资卡、社保卡、宿舍房卡的自助领取。智能终端一体机通常会放置在员工服务大厅或者员工特别集中的区域，如企业办公大楼的大堂、工厂和卖场的员工食堂等。这不仅给员工带来了便捷、提升了员工体验，而且让无形的服务通过这一载体实现了有形化。

聊天机器人常用在员工服务中，通过智能客服自助应答员工咨询；或在招聘场景下，自助应答候选人关于企业、职位、流程等同质问题，批量外呼确认意向、安排面试等。有些企业还会用智能外呼技术，批量催促待办事项，如劳动合同的签署、年度汇算清缴等。

RPA（Robotic Process Automation，机器人流程自动化）可以通过零代码，不动系统架构，甚至不用开发系统接口的方式，实现标准化程度高、交易量大的事务性工作的人工操作模拟，如薪酬前置数据核查、核心人事数据核查、跨系统数据同步以及数据的收集、检查、合并和报表分发等。这一技术可以帮助共享服务中心实现"最后一公里"的自动化。

OCR（Optical Character Recognition，光学字符识别）是一种能够将版文字电子化的自动工具。虽然OCR最初对手写汉字的识别率不高，但经过科大讯飞等企业的不懈努力后，现在的识别准确率已经越来越高，在高考阅卷中被广泛使用。OCR在人力资源领域的常见应用有纸版简历的电子化以及身份证、学历/学位证书中信息的提取等。

招聘机器人属于AI技术在招聘领域的应用，这不仅包括人岗匹配、简历查重、智能外呼、智能应答等，还包括十分先进的基于篇章级别的语义识别算法和多模态算法的招聘超脑。招聘机器人不仅可以突破面试生产力的极限、替代1.8轮的人力面试（即HR与业务部门的初面），而且可以避免人类面试官的情绪波动、疲劳程度、偏好和偏见的影响，帮助企业客观、公正、稳定地筛选出最合适的候选人。招聘机器人甚至可以大幅缩短面试周期，减少面试轮次，大幅提升到面率和面试体验。招聘机器人在大型企业的校园招聘场景中被广泛应用。

NLP是研究人与计算机交互的语言问题的一门学科，这里不展开讨论。

VR（Virtual Reality，虚拟现实）设备在人力资源领域的应用主要有两个方面：

- 培训，特别适用于需要动手实操的以及需要还原事故现场的技术培训及安全培训，因为VR能使候选人在实操培训中身临其境，还原或模拟现实中难以再现的事故场景。
- 招聘或测评，利用候选人在VR游戏过程中产生的大数据分析其能力、素质和胜任力等。

我们希望对以上技术应用场景的解释能够帮你拓展思路，给你带来一些启发。

3.7　HRSSC 的组织设计及文化建设

如前所述，方法论在任何模式下都是非常重要和关键的，但比方法论更加重要和关键的是组织能力，包括组织结构的设计、组织文化的打造以及人才梯队的建设。

接下来，我们一起看一下常见的 HRSSC 组织设计思路及原则。

按照地域来划分，在进行 HRSSC组织设计时需要特别关注语言、文化及时差的一致性，在每个相对较大的片区设置区域共享服务中心。这种组织设计模式常见于大型跨国企业，因为对于全球经营的跨国企业而言，各国的商业环境、法律法规、政治和文化不同，其共享服务中心不管数字化程度有多高，都必须兼顾这些差异。

按照服务对象来划分，如按照服务于广大经理及员工的个人诉求的，以及服务于管理者及专业用户的管理和经营诉求的。这种组织设计模式常见于定位较高、服务较全面、技术相对成熟的共享服务中心。这种组织设计模式最大的好处就是，可以按照 ToB 和 ToC 不同的思路，在最大限度上满足管理和服务的不同诉求，非常具有经营视角和客户思维。

按照服务分层来划分，也就是对员工服务、专业交付以及管理运营和设计，按照前道（前端渠道）、中道（中端渠道）、后道（后端渠道）来划分。这是目前比较常见的组织设计模式。这种组织设计模式非常好地体现了共享服务经典的分层交付模型，兼顾了共享服务中心的服务属性、交付属性、规划设计和管理运营属性，既能够充分发挥共享服务中心降本增效、提升员工体验的作用，又能够充分共享稀缺的共享服务跨界人才。

其中，员工服务岗负责为员工提供高频次的、标准化程度相对较高的人事服务，如入、转、调、离等人事手续的办理以及与之关联的劳动合同及公司员工个人档案的管理，公司核心人事系统的运维，员工咨询的应答及员工人事证明的开具等；专业交付岗通常负责假期和考勤管理、福利管理、薪酬个税核算等；管理运营和设计岗通常具有业务孵化、服务产品及流程的设计、操作标准和质量及员工满意度的管理、数字化产品的业务设计及项目管理、人力资源数据资产的管理和应用等数字化时代催生的HRSSC新职能。

上述组织设计模式在大多数企业中是组合叠加运用的，如先按照地域进行第一道划分，后在区域内按照服务分层进行组织设计。另外，组织设计也并不是一成不变的，可以视组织和业务的成熟度做动态调整。如在建设初期以服务分层作为主逻辑，提升运营效率并打造分层交付的数字化平台；待业务相对成熟、平台搭建完成后，为了进一步提升组织价值，让面向员工的 ToB 业务更加场景化和智能化，而让面向管理者及专业团队的ToC 业务更加满足合规和风控要求并体现数据洞察的价值，可以再按照服务对象进行划分。但无论如何，共享服务中心都应该是一种尽可能扁平的组织，以便信息能够更好地共享、决策链更短、反应时间更快、管理层更接地气并避免组织官僚化。

此外，共享服务中心小团队的文化建设也是非常关键的。共享服务中心常被外界认为在做简单重复的事务性工作，没有发展前途。随着共享服务中心数字化水平的不断提升，简单重复的工作确实越来越少，但它们依然存在。我们经常会发现在企业进行人力资源三支柱转型时，大家更愿意转 COE 或 HRBP 而不是 HRSSC。HRSSC 相对较高的离职率也困扰着 HRSSC 的很多管理者，但这一现象在高价值定位、高数字化支撑的HRSSC 中已经大为改观，今天的共享服务中心充满魅力。

注意，合理的离职率对组织保持活力和健康度是有好处的。只要管理者坚持给予 HRSSC 足够高的价值定位，并对自己和团队提出足够高的要求，我们在 HR 团队（甚至公司）中的影响力就一定会越来越大。只要核心团队有了更大的舞台和施展空间，就一定会改变大家对于 HRSSC 的刻板印象，提升核心团队的留任率。除此之外，以下这些非常有效的方式也可以帮助我们提升留任率。

- 打造求新求变的组织氛围，鼓励团队发现问题、洞悉问题产生的根本原因并通过创新的敏捷手段予以解决。比如，要求每个小团队按照自己的业务处理周期性定期复盘，不放过任何一个影响效率和质量的点，授权一线团队中对这个问题比较有感觉的成员挂帅带队解决。再比如，组织开放日，让经理、员工、HRBP 直接反馈他们的问题和建议，从而使我们的一线员工有机会听到客户原声，自发地思考和解决问题。
- 构建充满活力、积极向上、敏捷学习的团队文化，通过组织实施各种项目、各种活动持续保持团队积极向上的意愿并充满活力，比如组织主题学习和专题讨论，带领大家参加高质量的行业峰会，学习优秀的共享服务案例等。

- 和整个团队定期分享 HRSSC 的战略以及取得的成果，让大家理解自己为之奋斗的平台是什么样子，未来的发展方向又是怎样的，和整个团队共庆成功。另外，一定要及时认可和鼓励那些默默奉献的一线员工，适当让他们站在聚光灯下，比如以他们的名字命名服务产品或项目，让他们参与管理层会议并发言，帮助他们上电子期刊的头条，让更多人看到他们的优秀事迹等。

接下来，对照图 3.12，通过一个案例展开讨论。

图 3.12 文思海辉 SSOC 文化体系

作者（崔晓燕）在文思海辉的老领导——周锋女士和作者一样，都是在中国惠普成长起来的经理人，所以她们都特别关注文化建设。在周女士的带领下，文思海辉的 HRSSC 从建立伊始，就对服务理念达成共识并以此鞭策团队；明确了标准化、简化、人本化和数字化（"四化"）的方向策略并以此作为检验团队工作成果的标准。此外，该团队还努力打造和谐、负责、专业、热情、青春的家文化。在文思海辉，该团队自豪地称他们为"Happy + Team"。

在文思海辉，SSOC 平台部门的负责人刘女士通过自己和团队的精心策划与持续努力，将这一文化扎扎实实落地。

首先，她带领平台团队打造了针对不同岗位的培训体系并坚持使用 3E 模型，即通过培训学习、经历历练和不断自我挑战，打造了一支心态和能力都过硬的核心团队。图 3.13 展示了文思海辉的 SSOC 培训体系。

图 3.13　文思海辉的 SSOC 培训体系

图 3.14 展示了文思海辉的 SSOC 人才发展模型。

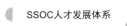

SSOC人才发展体系

关注人才发展不仅仅是一个口号。为此，SSOC建立了完整的人才发展体系，帮助团队搭建发展桥梁，输送学习资源，从培训学习、经验经历到挑战自我，努力全面实践并推动人才发展！

3E模型

Education培训学习	Experience经验经历	Exposure挑战自我
> External Training	> On Job Training	> Attend Management Meeting
> Internal Training	> Job Rotation	> Host Meeting
> Reading & Sharing	> Knowledge Sharing	> Own Special Project
> Case Study & Discussion	> Join Special Project	> Key Presenter
	> Mentoring Program	> Deliver Training

图 3.14　文思海辉的 SSOC 人才发展模型

其次，她带领团队围绕着"四 XIN"模型构建了立体的沟通模型（见图 3.15），促进了整个团队的融合和发展。"四 XIN"分别是指公平合理且相对有竞争力的薪酬，和谐的团队氛围、适当的压力和好心情，组织的高价值站位带来的对于未来更多的想象和憧憬与新业务的纳入和通过创新项目与手段带来的变化，以及被重视、认可、尊重、鼓励的团队文化。

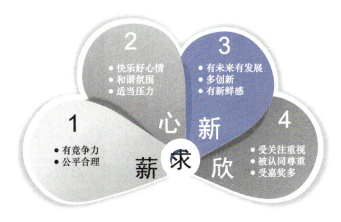

图 3.15　文思海辉的 SSOC 团队沟通模型

　　文思海辉还通过双月线下活动（见图3.16）持续推动团队文化的落地，每次活动主题鲜明，各地同步开展形成合力，已经成为SSOC小伙伴们期待的、汲取能量的大聚会。

图3.16　文思海辉的SSOC双月线下活动

　　文思海辉的月度电子期刊 *Monthly Newsletter*（见图3.17）会和SSOC的每位小伙伴分享SSOC的大事小情，让大家共同庆祝整个团队取得的成绩；帮助求新、求变的事件及团队上头条，以激励和启发更多的创意和灵感；通过"群策群力"板块，让SSOC的所有小伙伴参与到SSOC大团队的战略决策中来；通过"摩天轮"板块，让大家持续汲取知识的力量；通过"奔跑吧四化"板块，持续强化团队的流程意识；通过"平凡中的不平凡"板块，让默默无闻的一线员工站在聚光灯下；通过"SSOC人必读"板块，让大家理解共享服务领域的前沿科技和趋势。这一刊物已成为

SSOC 每位小伙伴每月翘首企盼的必读刊物。

- 每月一刊，线上传播
- 独特主线贯穿，多样创新
- 板块内容丰富：大事记，帮团队上头条，群策群力，摩天轮项目，奔跑吧四化，平凡中的不平凡，SSOC人必懂

图 3.17　文思海辉的 SSOC 电子期刊

第 4 章
共享服务中心的建设路径

4.1　经典的 MNC 模式

如前所述，共享服务中心最早的建设者是大型跨国企业，以下简称 MNC（Multi-National Corporation），很多 MNC 的共享服务中心已经有超过 30 年的历史。今天的大型跨国企业中的大多数兴起于电气化或信息化时代，经过长时间的发展，他们所处的商业格局已经形成，业务相对稳定。十几年前，大型跨国企业在建设共享服务中心时，通常需要 5 到 8 年的时间。

如图 4.1 所示，从松散运营、分散交付，到实现全球化的、体系化的共享服务中心，路径有以下三条。

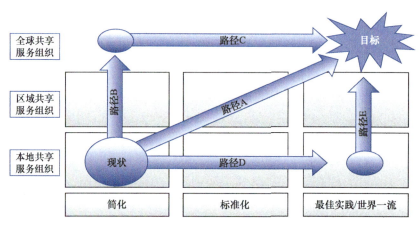

图 4.1　经典的 MNC 模式

第一条是路径 B+ 路径 C，即先全球覆盖、统一组织，再用共享服务的手段对业务进行再造。这一路径的优势在于比较扎实，因为始于全面的组织变革且团队搭建的速度快，但劣势在于共享再造的难度很高。所以，这一路径比较适合于集团管控力度较强、影响力较大、公司变革文化和氛围好的企业。如果恰逢企业主营业务调整或者组织结构调整，那么这将是一次非常好的契机。在实践中，西子奥的斯和吉利控股等企业的共享服务中心的建设在主体上是按照这一路径搭建完成的。

第二条是路径 D+ 路径 E，即先选择试点并采用共享服务的方法论和工具对试点的人力资源运营工作进行共享再造，打造好标杆后，再向全球推广。这一路径的优势在于比较稳妥且前期投入较少，因为是在小范围内试点的，劣势是周期比较长，见效不是很明显，特别是在初期。所以，这一路径通常适用于文化保守、业务相对单一和稳定的企业。另外，在企业的业务发展和未来的组织架构还不是很清晰的情况下，有些企业选择这一路径是因为企业高层还没有下定建立共享服务中心的决心。在实践中，西子联合、远洋地产、施耐德和中石油等企业的共享服务中心的建设在主体上是按照这一路径完成搭建的。

第三条是路径 A，即同时进行组织变革和业务再造，这一路径的优势在于周期短、见效快，但对 HRSSC 初创团队的变革管理能力的要求非常高且挑战非常大。更关键的是，这需要企业高层的大力支持和全力推动。所以，这一类路径比较适合那些企业业务发展方向清晰、组织变革文化好、曾经有过成功变革的案例且高层有很强决心的企业。在实践中，文思海辉和 IBM 等企业的共享服务中心的建设在主体上是按照这一路径完成搭建的。

4.2 边打仗边建设的当代模式

使用经典的 MNC 模式，从开始立项进行蓝图规划及路径设计，到形成框架，也就是完成拥有最佳实践的全球共享服务体系的搭建，通常需要 5 到 8 年的时间。在商业环境相对稳定、赛道清晰的电气化及信息化时代，这样的建设周期是没问题的。但在 UVCA 时代，这么长的建设周期是企业无法接受的。所以，当代建设共享服务中心的典型模式是"边打仗边建设"。这一模式说到底就是经典的 MNC 模式中路径 A 的迭代——把路径 A 的实现又细分为 4 个阶段并对每个阶段的重点工作进行了定义。

1. 共享服务 1.0

图 4.2 展示了共享服务 1.0 的含义。

扎实的共享服务中心的搭建一定始于组织结构的变革，没有组织层面的明确定位和分工，没有协作方式的改变，其他无从谈起或者没有根基。

这就是为什么我们看到几乎所有希望单独通过流程优化或信息化建设推动共享模式变更的企业，最终要么以失败告终，要么效果非常有限。

共享服务1.0
组织变革、定位、分工、人才、平稳过渡。

图 4.2　共享服务 1.0 的含义

在这个阶段，我们要非常关注新组织的方向和定位，和兄弟部门明确好边界和分工，阐述清楚大致的路径和节奏并与相关干系人充分沟通，特别是受到影响的关键人。

然后就要聚焦于把原组织的核心人才留住，把工作移交和承接做好：在人才问题上绝不妥协，但要充分沟通、尊重当事人的意愿；在工作移交和承接方面，要尽可能平稳过渡，不出问题，不出错。所以，僵化交接，即先刻板地按照以前的方式做，不急于优化，待充分理解、消化、吸收后，再启动优化，是很聪明的做法。

在这一阶段，很多大型或超大型企业是在咨询公司的指导和帮助下完成的。有些企业会对咨询公司有着不切实际的期待和预期，其实他们只能把我们领进门，修行还得靠我们自己。但充分用好咨询公司的优势也是非常关键的，例如，让他们带我们见世面，因为他们正在服务或服务过很多企业，他们的牵线搭桥能够让我们见识更多、更好、更全面的优秀案例，从而能够让我们有机会对标同业态、同行业的最佳实践；让他们帮助我们以第三方视角与企业高层及管理团队充分沟通，正所谓"外来的和尚会念经"。另外，他们从大量的咨询实践中总结出来的方法论也是非常有价值的。然而，这些方法论需要经过裁剪才能有效嵌入我们的企业，因为每家企业的管理情境（包括企业文化、业务发展阶段、管理成熟度等）是不同的。

2. 共享服务 2.0

图 4.3 展示了共享服务 2.0 的含义。

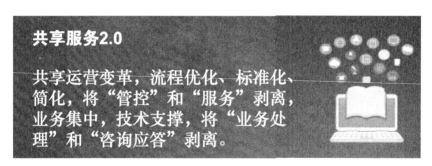

图 4.3　共享服务 2.0 的含义

有了组织模式的支撑和清晰的分工及协同定位，接下来就要用共享服务的核心理念、方法论和工具来再造业务了，以确保共享服务的优势得到充分发挥。这些理念、方法论及工具如下。

- 通过业务流程的标准化和简化，提高效率，降低成本，降低风险，并通过技术手段尽可能将业务流程线上化、自助化和自动化。

- 在共享服务中心内部识别"管控"和"服务"并对这两个属性的工作岗位进行剥离，防止官僚化，提高服务意识并且让管控真正有抓手、能落地。

- 尽可能将原本分散处理的业务集中化、远程化，从而在降本增效的同时，确保执行的一致性和可控性，如算薪业务、假勤管理等。

- 尽可能通过技术手段支撑简单重复的业务，以进一步提高效率、降低成本、释放人力。

- 将"业务处理"和"咨询应答"剥离，让知识在组织内部从员工使用的角度被真正沉淀和激活的同时，让"业务"和"服务"彼此监督。

在这个阶段，我们要特别关注共享服务中心内部的组织设计和能力建设，当然，这不是一蹴而就的。在组织层面，我们要特别关注组织氛围，培养团队发现问题、主动思考并积极解决问题的能力，强化团队服务意识和结果导向。然后，培养核心团队在流程优化、变革及移交管理方面的能力，以及产品及技术应用方面的意识和数据思维。

3. 共享服务 3.0

图 4.4 展示了共享服务 3.0 的含义。

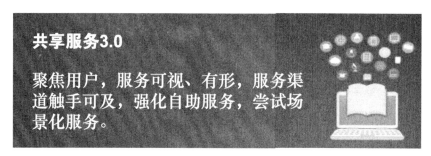

图 4.4　共享服务 3.0 的含义

经过前两个阶段，共享服务中心的业务能力已经过硬，可以称得上"靠谱的业务伙伴"。共享服务 3.0 是从 60 分到 80 分、追求卓越的第三个阶段。此时我们应聚焦用户，让原本无形的服务可视、有形，并且服务体验要超出客户和用户的预期。因为清晰的流程、友好的服务交付界面是数字化时代 HRSSC 的基本要求，只有超出预期、有惊喜点的服务体验，才能被记住、被传播。如下是这个阶段的一些关键举措。

- 在员工比较集中的办公区域建设员工服务大厅，为员工提供一站式、面对面、有温度的个性化服务。今天的员工服务大厅已经不再是传统的银行柜面形式，那种相对标准的服务内容已经越来越多地被"云大厅"取代。今天的员工服务大厅不仅是伙伴式的或体验式的，相当于一位伙伴为另一位伙伴提供复杂的、个性化程度高的、不得不面对面服务的内容，如调档、落户、安居等，还是员工了解公司福利、体验 HR 服务产品的体验平台。

- 通过共享服务中心"云大厅"和"自助服务终端"的组合，让员工可以随时随地便捷、高效地获取人力资源服务。

- 从"人本化"的角度出发，再次审视我们的流程和线上、线下交付界面，主动设计惊喜点，为经理、员工提供超预期的服务交付，完成从"流程"到"产品"的升级。

- 进一步识别业务中可以自助化和自动化的部分，并通过技术手段加以实现。自助化的设计要跳出自己的专业深井，从交互体验到文字措辞，全方位关注用户体验。

- 充分调动突破性思维，尽可能将"流程化"的服务"场景化"，如通过"智能服务终端"将人事证明的申请、审批、出具、领取这一流程化的服务，变成自助打印、立等可取的"场景化"服务。

这个阶段周期相对较长，且充满挑战和成就感，要求共享服务人不仅懂业务，懂流程，而且要懂服务，懂技术，懂行为设计学和交互体验设计学，此外，他们还要具备产品经理意识和创新思维，并且能够将这些要素整合起来。

4. 共享服务 4.0

图 4.5 展示了共享服务 4.0 的含义。

经过前三个阶段，一个现代化的共享服务中心基本成型。接下来，就要聚焦客户，也就是我们的管理团队和专业用户，如 HRBP、COE 等，为他们创造价值，为业务提供增值。

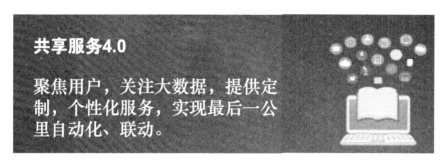

图 4.5 共享服务 4.0 的含义

这一阶段的主要举措如下。

- 进一步识别 HRBP 手中遗留的、相对共性的事务性工作并转其纳入 HRSSC，让 HRBP 有更多的时间和精力处理业务。
- 对接 COE 并承接更多的策略和项目落地工作，如 COE 策划的培训项目的实施，让 COE 有更多的时间和精力聚焦业务与方案。
- 通过数据挖掘提供数据洞见，让 COE 听到一线员工的声音，赋能管理团队和 HRBP 利用数据做出科学决策。
- 基于大数据为员工提供更加主动、个性化的服务内容。从数据层面，不仅能"看见"员工，还能"洞见"员工，甚至"预见"员工，详见图 4.6。
- 进一步识别 HRSSC 工作中的数据断点和手动操作，利用新技术，如 RPA、电子签名，实现"最后一公里"的自动化和最后一站的无纸化。

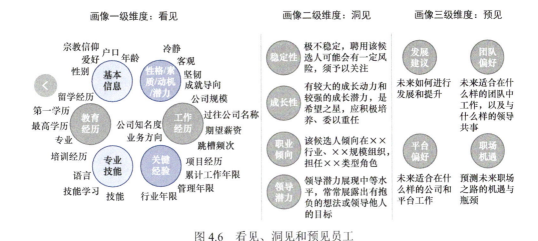

图 4.6　看见、洞见和预见员工

- 让业务和流程彼此联动起来，形成合力。比如在员工申请产假或陪产假后，马上启动新生儿关怀计划和商保增员等，站在员工的角度串联起原来孤立的业务流程。

这个阶段是从 80 分到 100 分的登顶时期，过程艰苦卓绝，需要更多的努力和韧性，并且对共享服务人的综合能力要求也非常高。在这个阶段，我们又开始聚焦业务，但不再局限于事务处理，而要具备数据思维和数据意识。

经过以上 4 个阶段，共享服务中心就完了交付中心、运营中心和专家中心的建设，成为电影《红海行动》中停泊在大海中的航母，可以为深入战场的 HRBP 尖兵们提供全方位的支撑和赋能，并成为能够全面支撑企业聚焦核心业务、高速发展、灵活应对商业环境的有效平台。

注意，以上 4 个阶段只是相对粗略的划分，我们在建设共享服务中心的过程中不必僵化和纠结，应从相对细的颗粒度来看待和推进业务。因为共享服务中心承载的工作内容不同，所以其成熟度也是不同的。但从组织保障到平稳过渡、流程优化、协作调优，再到技术应用、服务渠道拓展，最终到数据洞察，主体脉络是相对确定和清晰的。

4.3　敏捷撬动模式

另一种比较常见的建设共享服务中心的模式——敏捷撬动模式（参见图 4.7）。

这种模式从员工触点开始逐步涉及核心，即先通过搭建员工服务大厅或服务热线，让员工不再东奔西跑、四处打听，从以前的点对点（员工对办事人员）转变为点对平台（员工对服务大厅、服务热线），再通过员工反馈不断推动流程和协同方式的优化，并进行服务流程的线上化和线上服务的整合，最后通过分析运营数据、工单数据、员工行为数据洞察问题，赋能 HRBP 和 COE。

这种模式在启动时，基本不动组织架构，其优势在于一开始见效很快，员工会很快感受到变化。

　　然而，由于不改变组织架构，起步之后的第二步和第三步，即通过员工反馈反推业务精进和系统整合，会非常艰辛。这导致很多以"敏捷撬动模式"启动的共享服务中心一直停留在起步阶段止步不前。

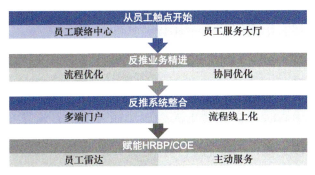

图 4.7　敏捷撬动模式

　　这种模式常见于变革时企业员工体量已经很大的情景中，且确实不失为一种非常明智的选择。比如，当年的国航共享服务大厅在建设时，通过将所有高频面向员工服务的岗位，包括人事、行政、福利、员工票务等人员，集中在共享服务大厅办公，避免员工在偌大的国航园区里东奔西跑，大幅提升了员工满意度。再比如，沃尔沃中国通过建立员工服务热线，从为员工提供统一的服务窗口开始，效果也不错。

4.4 共建共赢模式

共享服务中心的最后一种建设模式是能够充分发挥甲方和乙方优势的"共建共赢"模式。在分工不断细化的今天，充分用好社会资源，特别是优质、专业的供应商资源，将其作为变革抓手来推动企业内部的变革是一种非常敏捷的方式。由于这种方式还没有普遍应用，因此暂时也没办法归纳出经典的框架。下面展示两个比较经典的案例。

案例一，某从事大型综合性装备制造的老牌大型国企在 2018 年开始搭建共享服务中心时，自有员工人数已经超过 3 万。这家企业在做共享服务中心的蓝图规划前，已经意识到自己公司的背景和当前的体量，单靠自己的力量牵动变革的难度是非常大的。为了补足能力，缩短建设周期，提升共享服务中的专业度，这家企业和一家知名的咨询公司分别出资，成立了合资公司，并由合资公司这一独立法人实体运作其共享服务中心的业务。咨询公司派驻长期顾问，提供方法论和工具方面的指导。这家企业则将其人事、财务和采购等多个职能部门的行政事务性工作及相应的团队转入这一实体，以大共享模式服务整个集团。这家企业的共享服务中心在这样的背景和模式下，在优秀领头人的带领下，用了短短两年的时间，就完成了"大共享"的建设，获得集团内外部的一致好评。

案例二，某知名大型台资企业在经历共享服务中心内部孵化的诸多坎坷后，为了加速这一进程，切实让共享服务中心模式落地，把区域 HR

从事务性工作中解放出来，真正服务好业务，做更具价值的 HRBP 工作，这家企业的人力资源负责人——一位极具智慧并且领导力和影响力极强、思维前瞻的高管带队全面考察，最终选择一家国内知名的人力资源服务公司共建共赢。双方共同设计共享服务中心的建设蓝图和路径，由人力资源服务公司以外包形式承接共享服务业务的同时，进行数字化改造。双方决定以内部孵化的共享服务中心试点为原型，以薪酬外包这项规则性相对较强并且可以远程集中化操作的共享业务为起点，走上了共建共赢之路。经过短短一年半的时间，这家台资企业不仅实现了共享服务中心的建设，人均服务比得到了显著提升，而且建设了智能客服、呼叫中心、工单系统等多个数字化平台，大幅加速了企业的人力资源数字化转型和三支柱转型。由于模式上的创新、资源的有效整合以及技术和服务的深度绑定，该企业获得了 IDC 2020 年数字化转型优秀奖。

综上所述，共享服务中心的建设路径有很多种选择。关键要看自己所在公司的战略要求、管理诉求、紧迫度以及公司的具体管理情景，如公司发展和业务战略的清晰度、公司整体管理的成熟度以及公司内部的变革文化等。

第 5 章
共享服务中心的方法论

5.1　变革管理及移交管理

共享服务中心的建设本身就是一场集观念、流程、系统平台、组织模式和人员能力为一体的五维且复杂的变革管理的过程。共享服务中心在建设初期一定会进行大量的业务转入和集中化操作，即使业务进入相对稳定期，也会根据组织的需要和客户的诉求，纳入或孵化更多的服务内容。因此，变革管理和移交管理对于共享服务中心，特别是在建立初期以及进行大的迭代升级时尤为重要。

变革管理（change management）是指当组织面对内外部环境剧烈变化出现不适（组织内部产生诸如成长迟缓、管理不良、效率低效等种种问题）时，企业为生存及持续发展必须推出变革措施，对组织内部的文化、流程、结构等进行调整与改善，而为了达到支撑企业顺利转型的目标，在此变革过程中进行的有计划、有策略的管理。

我们经常听到这样一句话，"变是找死，不变是等死"。确实，企业在推动变革时经常会遇到各种挑战，失败的情况也屡见不鲜，而且变革的失败通常对企业影响很大，甚至是致命的。但比起坐以待毙，企业还是会选择主动出击并做好体系化的规划和管理，尽可能确保变革成功。引起企业变革失败的常见原因通常包括：

- 没有得到管理层的充分支持和授权；

- 没有很好地进行干系人分析和管理，沟通做得不充分或者不到位；

- 变革过程缺乏对预期的管理和有效规划，导致期望过高或者执行不力；

- 能力不足。

变革管理对企业非常关键，这里我们介绍一个模型和一个实用的工具来帮助大家有序推动变革，做好变革管理，在最大限度上确保变革成功。

这个模型是 ADKAR 模型，详情如下。

- Awareness（意识）：管理团队及相关干系人要充分理解变革的背景并认同变革的必要性，有变革的紧迫感。这一点非常关键，因为只有大家认可、认同了，才会心甘情愿、积极主动地投身到变革中来。

- Desire（渴望）：要充分理解管理团队对于变革的期望和期待，对于变革的目标必须和管理团队达成一致，自己主动设定衡量标准并且定期向管理团队汇报进展，而不是将评估权交于他人，更不能让变革过程超出管理者的雷达范围。只有这样我们才能在变革的一开始就得到管理团队的支持和授权，并且在变革管理的整个过程中持续得到他们的支持。

- Knowledge（知识）：相关干系人具备开展此项变革所必需的信息和知识，这一点至关重要。干系人是项目管理中的专业术语，指的是那些受到项目影响的利益相关人。他们是变革过程中重要的动态要素，要让他们充分掌握变革过程中的相关信息和知识，理解为什么要变、如何变、变成什么样，信息的对称是让人有安全感的前提，认知的一致是行动的有效保障。

- Ability（能力）：核心成员有足够的能力领导、实施并完成此项变革，相关干系人具备此次变革所需要的技能。所以，变革项目的统帅和核心团队的选择至关重要，他们不仅要有能力，还要有影响力，最好还有成功变革的经验。相关干系人只有意愿，没有能力，是无法推动变革落地的，所以我们一定要关注他们的能力是否满足变革的需求，并给予相关的培训和赋能支持。

- Reinforcement（巩固）：我们有措施来巩固变革后形成的状态和成果，如通过"速赢项目"快速建立管理团队及相关干系人对于变革的信心，使他们愿意继续或者加倍投入资源和力量，推动变革的全面和深入进行。

我们要介绍的工具是指导变革有序推动的"科特变革八步法"（见图 5.1），这一方法由 3 个关键的阶段和 8 个关键的步骤组成。

图 5.1 科特变革八步法

3 个关键阶段如下。

第 1 阶段，松土壤，定调子。松土壤，用大白话说就是"吹风"，让大家在思想意识上接受并且认同变革的必要性。在 HRSSC 搭建或转型的过程中，比较常见的方式包括请咨询公司或独立顾问来调研并和管理团队沟通，让管理团队认同变革的必要性并给予支持；给相关干系人做培训，带着核心团队参加相关峰会、论坛，或者走访其他公司的共享服务中心，让大家了解相关的知识和最佳实践，并激发大家对于变革的意愿和使命感。

第 2 阶段，找试点，快速赢。也就是说，在变革初期，找到快速见效的"速赢项目"并将其有效落实，让大家迅速看到变革带来的积极影响，进一步增强大家对于变革的信心，让管理团队愿意投入更多的资源，让核心团队愿意投入更多的时间和精力。

第 3 阶段，完善转型，整体化，成体系。也就是说，在"速赢项目"的基础上，迅速扩大和巩固战果，从整体上、体系化地推动变革的深入落实。

8个关键的步骤如下。

（1）加强紧迫感。加强变革的紧迫感和使命感，让大家从心底认同我们必须要变，马上要变。

（2）建立指导团队。建立一支强有力的变革管理团队，他们是整个变革过程中最重要的力量。

（3）建立变革愿景。勾勒变革蓝图，让大家憧憬变革后的样子。

（4）感召众人。感召尽可能多的人认同并愿意参与到变革中来。

（5）赋能行动。通过学习、走访、培训等形式让干系人有能力参与变革并做好未来的工作。

（6）创收短期成果。通过"速赢项目"迅速建立大家对于变革的信心。

（7）再接再厉。迅速扩大"速赢项目"的战果，在更广的范围内推动变革的发生。

（8）巩固成果。进一步夯实前期战果，体系化地推动变革的深入。

接下来，我们简单讲一下移交管理。移交管理的实施通常有3种方案。

- 先移交后改进：在移交前不对移交的工作内容做任何形式的改进，待移交结束后，再进行改进。

- 先改进后移交：在移交之前对现有流程进行改进，待平稳后，再进行移交。

- 边移交边改进：在移交的同时对现有流程和工作方法进行改进。

3 种实施方案的对比如表 5.1 所示。

表 5.1　3 种实施方案的对比

移交方案	优势	劣势
先移交后改进	迅速	前期质量得不到改进
先改进后移交	更稳定且高质量的移交成果	移交周期更长
边移交边改进	平衡项目周期和移交质量	移交周期较长，移交双方都耗费精力

无论采用以上哪种移交方案，稳健的移交对于项目的成功都是至关重要的，我们需要根据当前的情况和自身的需求进行选择。

一般情况下，如果我们对即将转入的工作内容相对熟悉，且目前存在的问题不是非常显著，那就可以采取"先移交后改进"的方案；如果我们对即将转入的工作内容不熟悉，或者目前存在较大的问题，那我们就应该和原团队一起制订改进计划，待改进完成之后再进行移交。

但此时，我们通常会遇到一个问题，那就是，原团队虽然熟悉工作内容且拥有相关知识和技能，但改进动力不足。这时我们就需要建立非常明确的改进目标和计划，并且需要得到更高一层领导的支持以及原团队的认同和支持，必要时可以采取项目激励手段。"边移交边改进"的方案虽然能够平衡移交的周期和质量，但通常移交周期较长，而且在移交过程中容易引起职责不清的情况，对团队复杂项目的管理能力要求很高。

总之，不论我们采取哪种方式，确保工作的持续性和稳定性才是至关重要的。

为了有序推动移交管理，还可以采用经典的五步法。

（1）调研梳理。调研和梳理与即将转入的工作内容相关的组织架构、人员分工、政策、合规及风控要求以及目前的操作流程等，这可以帮助我们对即将转入的工作内容建立全面、深刻的理解和认知。

（2）规划设计。在全方位调研的基础上充分分析，确定移交方案和项目计划，并整理相关的政策、流程及操作标准等。这里要提示一个关键点，就是制定紧急预案。也就是说，要提前制定当移交遇到重大问题时的处理机制。

（3）试运行。以一个周期或一个试点作为过渡或起点开始尝试移交，以便在试运行的过程中充分发现问题、解决问题，避免在正式移交的过程中出现大面积、集中性的问题。

（4）正式移交。当移交完成后，一定要和相关干系人正式宣布职责、分工的变化，并关闭原团队的相关系统权限，避免对接时的混乱和责任不清。

（5）持续优化。在运行的过程中不断发现问题、理清逻辑，通过流程再造和数字化等手段进行持续迭代与优化。

5.2 服务产品设计

共享服务模式和传统的职能模式最大的差别就是，从低头处理一个又一个任务到通过自己精心设计的产品交付服务。这里的"产品"指的是"服务产品"，而服务产品底层的核心主线就是流程。本节介绍什么是共享服务中心的"服务产品"。

下面是 HRSSC 模式下的"服务产品"所需要定义和明确的内容。

- 产品名称及产品经理：产品名称应尽可能简明扼要、没有歧义；产品经理要清晰明确并以书面形式确认下来，责任清晰是开展一切工作的起点。
- 产品描述：说明这是一款什么样的服务产品，它的边界和范围又是怎样的。

- 产品定位：说明该服务产品创造了哪些价值和增值。

- 服务对象：描述该服务产品的客户和用户分别是哪些人，他们的期望和关注点是什么。

- 相关岗位及职责：明确该服务产品涉及的相关岗位及具体职责。

- 产品运营指标：定义评价和监控该服务产品运行情况的指标，包括 SLA 和 KPI 等。

- 增值服务或惊喜点：设计该服务产品面向客户及用户提供的超出预期的内容，如面向客户的增值服务、面向用户的超出预期的惊喜点设计。

- 交付形式：说明该服务产品的交付形式是怎样的，以及哪些是线上的、哪些是线下的。

- 涉及系统：说明如果该服务产品有线上交付的部分，那么涉及哪些相关的系统。

- 风险点：说明该服务产品相关的风险点有哪些，包括法律法规、成本控制、公司内部合规要求等。

- 管理机制：定义该服务产品的管理机制，如质检机制、例会机制、问题升级机制、客户沟通机制等。

　　HRSSC 服务产品如图 5.2 所示，我们已经明确了该服务产品是什么，以及它为谁创造了什么价值。

图 5.2　HRSSC 服务产品

接下来，我们就可以定义通过什么样的流程来实现这一价值创造，并交付这一服务产品。如前所述，流程是共享服务模式下服务产品的核心主干，它对于共享服务中心有着非常重要的价值和意义。

5.3　流程设计及再造

对于共享服务中心而言，流程是效率的原动力，流程是服务的顶层设计，流程是风险控制的有效保障。只有通过流程的标准化定义和简化处理，共享服务中心才具备效率提升的底层能力。如果缺乏对于流程的定义，或者如果流程中还存在碎片化的交付触点，例如入职时各部门反复向员工收集个人信息的情况，那么我们的服务连有序都做不到，何谈体验？另外，如果没有流程的定义，那么风险的防范更多靠的是人的经验和责任心，由于缺乏机制，因此服务不具备延续性、稳定性和可控性。

流程的定义版本有很多，这里分享两个经典的版本。

迈克尔·哈默给出的定义是，"流程是为顾客创造价值的一系列逻辑相关的活动"。

ISO 9000 给出的定义是，"流程是一组将输入转换为输出的相互关联或相互作用的活动"。

构成流程的要素包括客户、价值、关系、活动、输入和输出。任何流程都必须有它所服务的客户，并且必须为客户创造价值，包括流程本身以及流程中的每一个步骤都要创造价值，否则就没有存在的必要。流程由一组有相互关联的活动组成，每一个活动都承接上一个环节的输入，在本环节创造价值并输出给下一环节。

流程有大有小，有长有短。流程通常也是按照分类分层的思想进行管理的。接下来，介绍几个和流程相关的概念。

- 流程领域：为了帮助业务负责人及流程负责人跳出业务和单一流程的局限，了解业务和流程的归属关系，从而更好地理解业务价值，通常会对流程进行分级管理。在实践中，根据业务模块、产品线、组织架构等划分流程领域。例如，入职流程既可以从业务角度归为人事服务，也可以从产品线角度归为员工服务。

- 子流程：将一个复杂的大流程分为若干子流程，从而更加清晰地描述并呈现业务全貌，帮助业务负责人及相关干系人对业务范围达成共识。通常，根据重要性、不同角色等对流程进行划分，例如，入职流程可以包括候选人入职信息登记子流程、公司入职准备子流程等。

- 流程阶段：当流程环节太多时，为了帮助业务人员清晰了解流程结构，对流程进行阶段的划分。通常，按照业务开展的时序性或业务管理的生命周期对流程进行划分。例如，入职流程可分为入职前、入职中、入职后；再例如，热线管理可分为应答管理、知识管理、工单管理。

- 流程管理：包括从无到有的流程建立、不断自我完善的流程优化以及当遇到大的组织变革或技术变革时的流程再造。在共享服务中心建立初期，通常需要从无到有地设计和建立流程，或者对职能模式下的流程进行再造，之后再对流程进行持续的改进和优化。

那么，共享服务模式下的流程和职能模式下的流程究竟有哪些差别呢？

职能模式下的流程通常是从人力资源管理视角出发的，管理的是一类资源或风险，如对于预算的管理、对于用工风险的把控等，所以通常是按照岗位责任划分的、割裂的。

而共享服务模式下的流程是从客户及用户视角出发的，是要为客户及用户创造价值的、首尾相连的、端到端的、闭环的。此类流程也要对资源进行管理，对风险进行防范，只不过这一管控已"前置"和"内化"，目的是要尽可能做到"看得见的服务，看不见的管控"。

举一个简单的例子，传统的补充医疗保险报销的流程可能如下。

员工在指定的时间到指定的地点提交报销相关材料，HR 从业者收集材料后进行初步审核。如果发现申报信息缺失或者资料不全，就给员工打电话，让员工补充资料。然后，HR 从业者进行复核，复核无误后提交审批，审批通过后，给予员工理赔。

但共享服务模式下的流程应该如下。

员工通过手机登录，基本信息自动带出，员工只需要补充其他信息，若不补写必填字段，无法提交，进而从源头上杜绝了信息缺失的情况发生。对于资料的收集，员工只要按照系统提示进行操作，就不可能再出现资料缺失的情况。之后所有的办理进度都向员工公开，并将最终理赔结果详细告知员工。做得好的企业甚至可以根据员工在系统中提交的影印资料先行垫付报销，加快理赔进度，提升员工体验。

如图 5.3 所示，常见的流程优化方法包括对标先进实践的"标杆瞄准法"（BMK），利用统计方法找到缺陷、定位根本原因并有针对性地进行改善的"6 Sigma DMAIC 法"，通过不断提出问题深入底层的"5W2H法"，以及通过"取消、合并、重排、简化、整合及自动化"等手段再造的"ECRS 分析法"和"ESIA 分析法"。

图 5.3　常见的流程优化方法

在 HRSSC 领域中得到广泛实践的、集大成的"HRSSC 流程优化 5步法"如图 5.4 所示。这一方法强调有效的行动步骤，是一套综合应用了"6 Sigma DMAIC 法""ECRS 分析法""ESIA 分析法"的优化方法，输出物为"两图两表"，流程也得到了表单化并且能够通过信息化进行固化。

这套方法论也是作者（崔晓燕）的好朋友——文思海辉共享服务运营中心平台部负责人刘倩梅女士在实践中不断总结出来的智慧结晶。感谢刘女士对于本书以及共享服务理论体系的贡献！

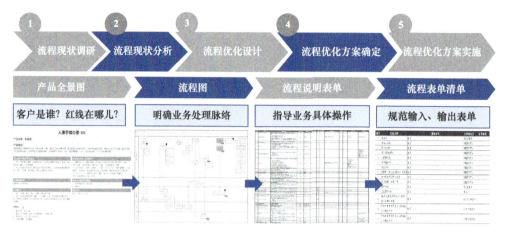

图 5.4　HRSSC 流程优化 5 步法

第 1 步，流程现状调研，即调研流程当前的运行情况，收集相关干系人对于流程的需求，既包括战略发展、组织管控相关的需求，也包括效率、质量、风险控制及体验相关的需求，并对收集到的信息和需求进行结构化整理。第 1 步的输出物通常包括访谈调研记录清单、制度与资料文档清单、流程优化需求及改进建议记录、流程现状文档资料等。

第 2 步，流程现状分析，即分析流程中存在的问题并对问题进行结构化整理，这一步的关键是透过现象定位问题，并且对问题的描述要达到可以采取行动的颗粒。例如，它们可以是"入职现场签署的材料多且不统一"这种具体的描述，而不能是"入职办理效率低下"这种笼统、模糊的描述。当需要解决的问题很多时，可以利用"投资收益"矩阵模型，通过权衡投入的时间、精力和成本以及带来的效果和收益，对问题按优先级排序。

第 3 步，流程优化设计，即在明确流程优化目标的基础上，通过"增值、增加、简化、删除、合并、变序、自动化、标准化"等具体手段对流程环节进行重塑。这一步的关键是分清业务流程和审批流程，并且在设计审批流程时要遵循"内控五原则"，分清审批、审核与审阅的不同。"审批"是"拍板"，是做"决策"；"审核"是"给出专业建议和风险提示"；"审阅"是"知悉"，不需要行动。

第 4 步，流程优化方案确定，即对流程优化设计的方案与相关干系人充分沟通，基于沟通进行调整和修订并通过评审最终定稿的过程。这一步的核心是先和重要干系人对流程优化的目标达成一致。另外，沟通形式的选择也很重要，最好选择面对面的沟通形式，并且一定要在沟通后进行书面确认，确保真正达成一致。

第 5 步，流程优化方案实施，即持续跟进前面定义的流程优化改进项，直至全部完成。这一步通常耗时较长，关键点包括优化实施上线前后的文档管理，如最终定稿的两图两表、系统的用户手册等；面向相关岗位的培训，让他们深刻理解优化后的流程并且有能力执行；面向用户的宣传推广，让广大用户知道具体的变化，并在有相关需求时知道如何获取。

此外，流程再造不是一次性的事情，我们还需要对流程进行定期的例行稽核，确保再造和优化后的流程真的被执行，并在执行的过程中持续发现问题、解决问题、不断优化和迭代。流程的再造很难，但比这更难的是让流程保持持续的生命力，不走样、不僵化。

HRSSC 流程优化 5 步法的输出物是"两图两表"。

第一张图是描述产品全貌的"产品全景图"，为了让流程负责人全面理解业务，而不是直接扎到怎么做的具体流程中，我们在"定义流程"前要先"定义产品"。

第二张图是明确业务处理脉络的"流程泳道图"，它不仅反映了流程的起点、终点、判断点和控制点，而且反映了涉及的步骤、各步骤的岗位职责、关联以及使用的表单和系统。

第一张表是详细说明每一步中具体业务操作的"流程说明表"，主要反映每个步骤做什么、怎么做、做到什么程度。

第二张表是流程中涉及的相关"表单清单"，主要反映表单模板、责任人、提供周期和形式等。

流程再造是任何时代共享服务人都需要具备的关键核心能力，由于本书篇幅有限，这里无法详细阐述。关于"HRSSC 流程优化 5 步法"的详细解释，读者可以参考作者在智享学堂上的相关课程。

5.4　员工体验设计

为什么我们今天如此重视员工体验设计？因为在数字化的今天，越来越多简单重复的劳动被技术或机器替代，员工在今天的商业世界里扮演着越来越重要的角色，而且随着互联网原住民的新生代加入职场和新媒体、自媒体的兴起，这一课题显得更重要。员工体验的提升将驱动员工生产力、创造力和投入度的提升，进而影响企业战略的实现和经营业绩的好坏。

"照顾好员工，他们就会照顾好你的顾客。"

—— J.W. Marriott，万豪国际创始人

那么，什么是员工体验？员工体验三支柱如图5.5所示。

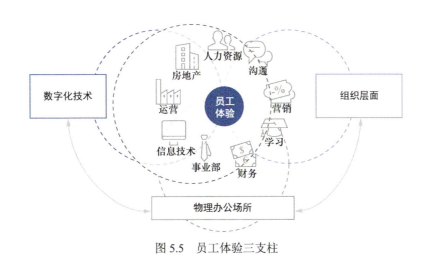

图5.5　员工体验三支柱

德勤认为，"员工体验是员工与企业在物理办公场所、数字化技术和

组织层面的互动的集合"。员工体验三大支柱中的任何一个薄弱环节都会极大地影响员工在工作中的敬业度。这三大支柱分别如下。

- 物理办公场所：布局合理的、多功能的办公场所，搭配合理、使用便捷的工作设施，营造便于沟通协作的工作环境以及与企业文化相匹配的办公场所风格和氛围等。
- 数字化技术：安全、顺畅的网络环境，自动化办公及协作软件，界面友好、操作便捷的移动端应用，快速、高效、敏捷的工作流程等。
- 组织层面：公平、包容、多样化的企业价值观，清晰、透明的工作目标，以员工为中心的思维方式以及对员工价值诉求的积极洞察、持续的辅导支持等。

其中，物理办公场所的壁垒最高。这也是 Google 会在物理办公场所的设计上如此用心的原因之一。数字化技术普适性最强，无论是创新创意类企业（如腾讯），还是重运营型组织（如贝壳），都普遍适用。腾讯在人力资源数字化产品设计上非常用心，而贝壳在全场景打造，特别是在面对人数众多且非常分散的经纪人方面，做得很到位。组织层面则是最需要进行体系化设计的，也是建设周期最长的。

另外，就像"客户体验"贯穿于从知晓、提及、认可、偏好、信任、忠诚到口碑一样，员工体验也将从入职前的招聘体验、入职体验、入职后的在职体验，贯穿到离职前的体验、离职的办理甚至离职后的运营。员工体验生命周期如图 5.6 所示。

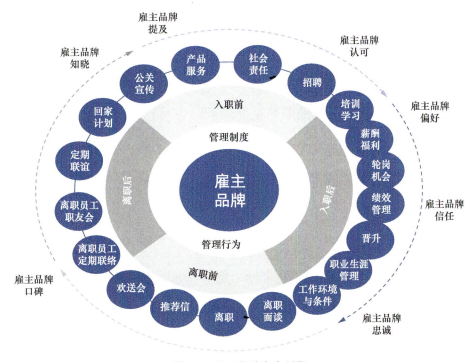

图 5.6　员工体验生命周期

员工体验需要根据每家企业所在的行业、公司的业务及经营情况、当前的发展阶段及管理成熟度和企业文化等多维因素，用心设计。以下是一些通用的理念。

- 员工体验是"体验好"而不是"感觉好"，所有的员工体验，都是基于组织的核心使命和价值观的，目的是打造组织机制和氛围，促进企业文化的落地，否则都是虚妄。

- 员工体验是"取舍"而不是"什么都要"，要特别关注员工职场中的关键时刻（如转岗、晋升等）和人生的关键时刻（如结婚、生子），而不是"撒胡椒面儿"式的平均主义、形式主义。

- 好的员工体验都是设计出来的，需要我们通过洞察来解码人心，再通过编码植入落地。它既可以很"体系"，即通过体系化的分析和设计，贯穿员工的职场生命周期；也可以很"有趣"，即通过好玩儿、有趣的小场景，让员工体验有所突破；还可以很"数字"，即通过数字化的设计，让员工体验"阳光普照"般地惠及每一位员工。

- 员工体验的设计应更加关注员工深层次的诉求，如工作给员工带来的价值和意义，要关注每一位员工的个性化诉求，从"员工体验"向"人文体验"迈进。人文体验如图5.7所示。

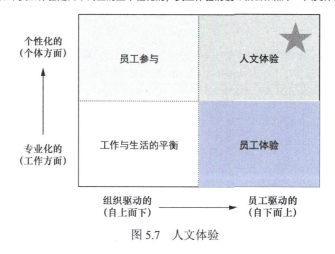

图 5.7　人文体验

作为从中国惠普成长起来的经理人，作者（崔晓燕）特别信奉下面这句话：

"员工是企业的心跳，当员工在组织职业生涯的每一个节点都受到帮助、获得指引、感到被重视、获得美妙的体验并被给予足够的空间去奋斗时，他们将为了组织的战略目标全力以赴！"

和大部分的餐饮企业不同，海底捞放弃了利润、利润率、营业额、翻台率等考核指标，而将顾客满意度和员工满意度作为考核的重点。海底捞充分尊重人性，从人性的底层往上进行满足。在满足员工的底层生存安全需求之后，允许员工获得充足的发展，尊重员工，从而让员工获得强大的自驱力。海底捞把员工利益置于首位，为员工树立良好的愿景，在此基础上规划员工和企业的未来，在员工实现价值的同时，成就企业的价值。

5.5 人力资源数智化转型

如第 1 章所述，人力资源管理已经迎来了强调"数字化驱动"的"人力资本"与"组织能力再造"的"人性与科技融合"的"数字化人力资本管理"阶段。数字化时代对人力资源管理提出了全新的挑战，赋予了人力资源管理者们全新的使命，同时也给人力资源管理工作带来翻天覆地的变化。

所谓"数字化"，说到底就是一场信息技术引发的变革，其根本任务是进行组织价值的重构。那么，什么是人力资源管理信息系统？它的全景又是怎样的呢？

人力资源管理信息系统（Human Resource Management Information System，HRMIS）是由具有内部联系的各模块组成的，能够用来收集、处理、存储和发布人力资源管理信息。人力资源管理信息系统能够为组织的人力资源管理活动的开展提供决策、协调、控制、分析及可视化等方面的支持。

人力资源管理信息系统如图 5.8 所示。其核心是组织管理。该系统始于人事管理，包括招聘管理、培训管理、绩效管理、薪酬管理等各人力资源管理模块，底层有系统运维组件，顶层有报表中心。该系统通过员工门户、经理门户和 HR 门户为用户及客户提供服务，而通过外部门户和利益干系人，特别是候选人进行交互。

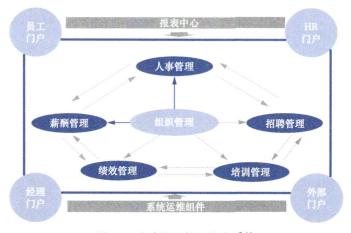

图 5.8　人力资源管理信息系统

虽然信息化、数字化和智能化的底层都是 IT，但智能化还须辅以相应的硬件设备，信息化、数字化和智能化在管理和业务层面有着显著差别。

- 信息化以流程和效率驱动，用 IT 固化管理行为，聚焦做什么，强调规范化。
- 数字化以业务驱动，用 IT 再造业务本身，聚焦该怎么做，强调体验和场景。
- 智能化将人类智慧装进算法，突破人类的局限和极限，革命性地再造业务，强调算法和模型的持续演进。

图 5.9 展示了信息化、数字化和智能化的差别。

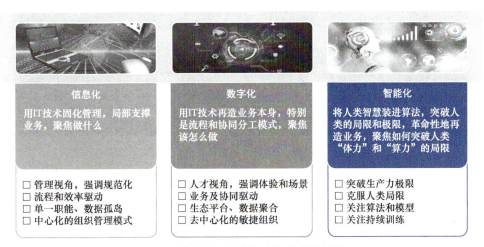

图 5.9 信息化、数字化和智能化的差别

企业在进行人力资源数字化建设时，并不一定要从信息化开始，而是可以一步到位，直接用 IT 再造业务本身，改变流程和分工协同模式。但是，智能化的实现一定要以"信息化"和"数字化"为基础。因为没有信息化和数字化，就没有智能化所需要的三大要素之一——数据。

那么，什么是人力资源数智化转型呢？人力资源数智化全景图如图 5.10 所示。首先，人力资源数智化的目的包括提高工作效率，提高 HR 从业者面向客户和用户的服务水平，提升员工体验并构建科学决策、智能决策的智慧 HR 体系。

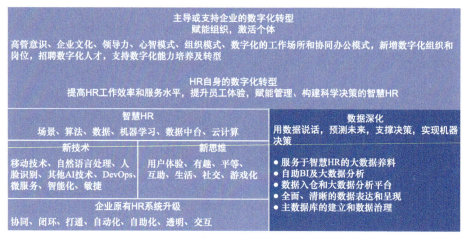

图 5.10　人力资源数智化全景图

其次，人力资源数智化不是对过去信息化系统的否定，而是在原有信息化系统的基础上进行整合，站在业务的视角实现协同，实现数据的打通，实现业务的闭环管理，做到更加智能化、自动化，让管理更加科学、透明（把 HR 的黑箱子面向客户和用户打开了）。人力资源数智化不仅引入了包括移动技术、自然语言处理技术、人脸识别技术等在内的新技术，更加关注用户体验，而且引入了诸如有趣、平等、互助等互联网元素。企业给员工提供的数字化平台除支持工作之外，还支持生活和社交需求。基于以上这些，人力资源数智化实现了有场景、有算法、有数据支撑且数据即决策的、持续迭代的、智慧的人力资源管理和运营体系。

数据是人力资源数智化转型的关键要素，HR 从业者的数据管理通常始于相对静态且稳定的组织人事信息，并在此基础上不断深化。HR 从业者不仅能够通过数据发现问题，而且能够通过数据支持决策、预测未来。

那么，企业要如何做才能把传统的、烟囱式的人力资源信息化现状系统，升级为可以支持多端接入、分层交付的"人力资源数智化平台"呢？

人力资源数智化转型五要素如图 5.11 所示。协同、交互、数据、中台和智能至关重要。

图 5.11　人力资源数智化转型五要素

接下来，我们简要说明一下这五大核心要素。

- 协同，包括把管控视角的、割裂的、线下的流程，变成客户和用户视角的、端到端的、闭环的线上流程；通过工单，完成 HR 任务管理的线上化；通过技术，强化 HR 从业者的业务处理能力。

- 交互，包括为经理和员工打造触手可及的服务渠道，以及为 HR 专业用户打造基于数据和任务的专业交互。

- 从数据的层面，包括要实现从相对静态的、稳定的人力资源核心数据运维，到多元的、复杂的人力资源大数据资产管理；要从统计考勤、薪酬、花名册等反应性数据，到通过数据模拟和预测未来，提前干预管理，做到"治未病"。关于人力资源数据管理及应用，详见 5.6 节。

- 从业务、数据和技术三个维度构建可以对能力进行复用的中台，实现数据的有效管理，并实现"一次计算，多次使用"。在"敏捷的前台系统"和"严谨的后台系统"之间加上"变速器"。

- 在招聘、学习与发展、劳动力管理和员工服务等领域引入 AI，彻底突破招聘的面试生产力极限，再造招聘流程，革命性提升招聘的效率和信效度；解决线下学习无法因材施教和线上学习信息过载的尴尬现状；让复杂排班，在公正、公平的前提下，充分考虑员工的特殊诉求；基于动态的员工画像，提供"千人千面"的员工服务。

人力资源数智化转型是一个很大的话题，由于书稿篇幅有限，这里不再展开讨论。感兴趣的读者可在智享学堂上搜索作者（崔晓燕）的课程"人力资源数智化转型实战指南"。

5.6 人力资源数据管理及应用

在数字化时代，数据的重要性不言而喻，数据对 HRSSC 的价值和意义如图 5.12 所示。

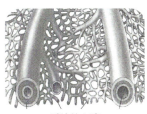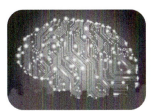

系统的血液　　　　　价值的体现　　　　　智慧的源泉
心脏、动脉、静脉、畅通　效能、价值创造、HR塔台　前瞻性、个性化服务的基础

图 5.12　数据对 HRSSC 的价值和意义

首先，数据就像流淌在人力资源管理系统中的血液一样，是系统健康运行的前提条件；其次，对于数据的洞察是企业 HR 在相当长的一段时间内无法被技术和外包替代的核心价值；最后，数据是智慧的养料，是人力资源管理工作实现智慧化必不可少的生产资料。

随着越来越多的人力资源管理和运营工作的线上化和数字化，人力资源数据越来越多元，数据量也在不断增加，所以管理的难度和复杂度也随之增加。人力资源数据管理及应用的工作内容全景图如图 5.13 所示，与数据相关的工作内容越来越丰富和专业化。

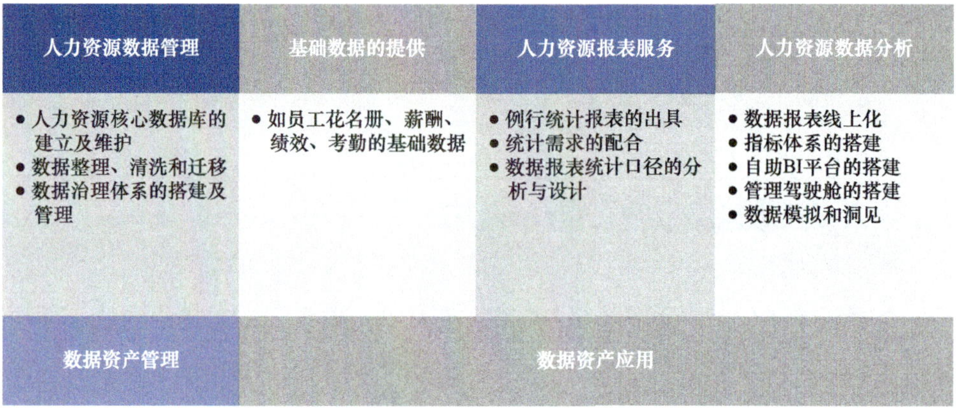

人力资源数据管理	基础数据的提供	人力资源报表服务	人力资源数据分析
● 人力资源核心数据库的建立及维护 ● 数据整理、清洗和迁移 ● 数据治理体系的搭建及管理	● 如员工花名册、薪酬、绩效、考勤的基础数据	● 例行统计报表的出具 ● 统计需求的配合 ● 数据报表统计口径的分析与设计	● 数据报表线上化 ● 指标体系的搭建 ● 自助BI平台的搭建 ● 管理驾驶舱的搭建 ● 数据模拟和洞见
数据资产管理	数据资产应用		

图 5.13 人力资源数据管理及应用的工作内容全景图

从人力资源数据管理的层面来讲，人力资源工作包括建立包括组织人事信息在内的核心人事数据系统并进行增、删、改、查等日常数据维护工作；在上线或更换核心人事数据系统前，对数据进行整理、清洗、补充完善和迁移以及迁移后的检查与确认工作。

除此之外，人力资源数字化程度较高的企业还要建立人力资源数据治理体系并用其指导越来越复杂的人力资源数据管理工作。这已经属于大数据资产管理的范畴。

人力资源数据的应用包括以下方面。

- 不需要加工的基础数据的提供，如员工花名册。

- 人力资源例行报表的出具，如人力资源管理运营月报。

- 数据分析线上化的推动和落地，包括将例行报表线上化，搭建人力资源数据分析指标体系，打通经营及财务数据，搭建辅助管理者决策的管理驾驶舱，以及通过数据模拟提前进行管理和干预的大数据应用。

核心人事数据管理及运营如图 5.14 所示。数据的及时性、准确性和全面性，是对核心人事数据管理及运营的基本要求。

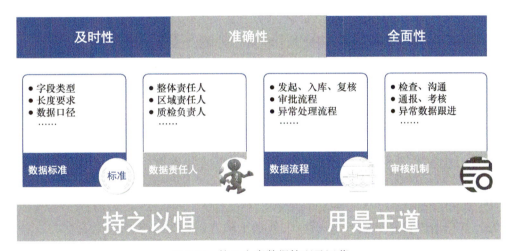

图 5.14　核心人事数据管理及运营

为了达到这一基本要求，以下 3 点非常关键。

首先，要对数据标准进行明确的定义，包括字段类型、长度要求、是否必填等。

其次，每一类数据都需要明确定义数据责任人，通常是兼职人员。此外，还要建立明确的数据管理流程，以便对数据质量进行例行复核。

最后，要建立例行的数据审核机制，对数据的运维是否符合数据标准及规范进行独立的第三方核查，并对结果进行通报。对于发现的不符合要求的数据，要求相关数据责任人予以修正。

包括组织信息、职位信息和员工个人信息在内的核心人事数据是人力资源管理的主数据，它们会高频地被考勤、薪酬、绩效等下游系统调用。因而，对于此类数据而言，质量至关重要。而数据质量的保证是需要持之以恒的，并且只有数据被高频使用才是提升数据质量的王道。

如前所述，随着人力资源管理和运营业务的线上化，人力资源数据不仅包括我们非常熟悉的核心人事数据（如考勤、薪酬、绩效等业务数据）以外，还包括过程数据、行为数据甚至员工心理数据。为了管理好这些多元数据，人力资源数据管理工作中引入了数据治理这一大数据资产管理的概念。数据治理体系如图 5.15 所示，数据治理的目标是让企业数据资产的管理实现统一、标准化和规范化。

数据治理的对象涵盖如下八大领域。

- 主数据：例如 ERP 中的静态数据、主数据系统中的数据等。

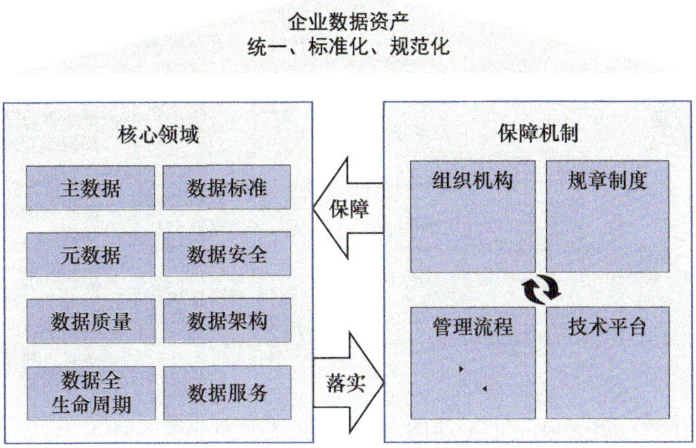

图 5.15 数据治理体系

- 数据标准：业务术语和数据规则的统一。

- 元数据：关于数据的数据，是对核心数据字典的规范。

- 数据安全：数据权限、数据加密。

- 数据质量：聚焦数据的及时性、准确性、完整性等。

- 数据架构：数据模型与数据的分布和流转。

- 数据全生命周期：从数据产生、存储、加工、使用到销毁的全流程管理。

- 数据服务：将数据封装成 API 或报表，从而提供数据服务。

为了实现数据的有效治理，还需要相应的保障机制，包括数据治理的组织机构、相关的规章制度、相应的技术平台和管理流程。

接下来，让我们看一下人力资源数据分析。谈到人力资源数据分析，我们就不得不从"科石"的人力资源数据分析成熟度模型（见图 5.16）讲起。

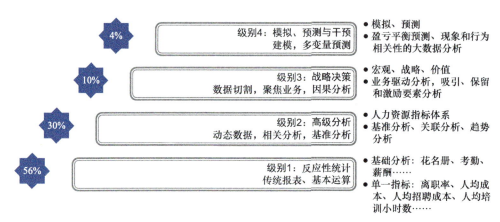

图 5.16 "科石"的人力资源数据分析成熟度模型

"科石"认为人力资源数据分析分为以下 4 个级别。

- 反应性统计：包括花名册、考勤、薪酬等在内的传统报表和诸如离职率、人均成本等人力资源管理的基本运算。

- 高级分析：建立人力资源管理六大模块的指标体系，可以对人力资源运营情况进行评价，建立一些内外部的基准分析（比如薪酬和人工成本的内外部对比）并建立关联分析（比如像研发人员过去 3 年的离职率这样有对象、有行为、有时间的深度分析）以及基于历史数据的动态趋势分析。

- 战略决策：包括"业务驱动分析"和"吸引、保留、激励要素分析"在内的、战略层面的价值分析，可以通过数据分析找到"公司业务发展和人效提升的关键杠杆"以及"促进企业吸引、保留和激励核心人才的关键驱动因素"。

- 模拟、预测与干预：前 3 个层次的具体应用，如盈亏平衡预测、现象和行为相关性的大数据分析等。

那么，人力资源数据分析到底应该分析些什么？"科石"的顾问给出了非常好的思路，"科石"人才分析充足性与路线诊断图如图 5.17 所示。

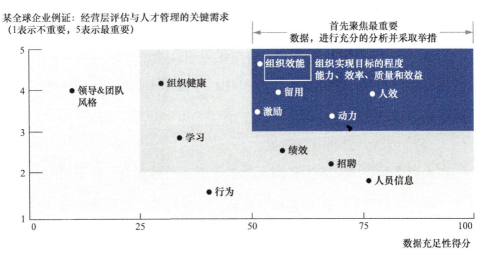

图 5.17 "科石"人才分析充足性与路线诊断图

首先，要从经营管理层对于数据的需求及人力资源数据的充足性这两个维度进行评估。第一个维度决定了要分析什么，第二个维度是对分析条件的评估，因为"巧妇难为无米之炊"。根据这一思路，我们首先要对最重要的且数据积累相对充足的指标进行分析，比如对组织效能、人效（人均效能）、激励及留任要素进行分析。

其次，要从人力资本投资收益、人力配置、人力资源运营及人才管理 4 个方面建立关键效能指标；围绕人力资源选、用、育、留的分析也不能仅仅停留在时间、数量、成本这些效率指标上，而要更加关注质量、风险、价值等效力及影响力指标。详情参见图 5.18。

人力资源数据分析也是一个非常纵深的专业课题，大家如果有兴趣，可以学习杨冰老师的线上课程，或者关注"科石"的线下课程。

用杨冰老师的话讲，"人力资源数据分析的本质不仅仅是用数据说话以及指标和仪表盘，而是基于业务和 HR 洞察的纵向深度价值分析与横向业务驱动分析，其终极目标是指导行动"。

在人力资源领域，人力资源大数据分析方面确实有一些不错的尝试和探索，例如离职预测、组织健康度和活力度分析等。我们确实应该关注这一趋势变化并建立对于大数据分析全景的认知，并且确实应该作为主导者和设计师，利用技术的手段实现人力资源数据管理及应用的科学性、有效性和便捷性。但相比这些更重要的是培养自己及团队的数据思维和数据意识，打造"用数据说话"的团队氛围以及用数据支持决策的管理模式，因为数据分析的终极目标是"指导行动"。

	时间	数量	成本	质量	风险	价值
		效率（efficiency）		效力（effectiveness）		影响力（impact）
选人	●招聘进度管理 ●招聘周期管理 ●招聘生产率	●内部招聘人数 ●外部招聘人数 ●招聘渠道管理	●人均招聘成本 ●渠道招聘成本 ●招聘人工成本 ●广告及活动费用	●招聘成功率 ●招聘适岗度 ●渠道招聘质量 ●人才测评 ●人才结构	●人才风险控制 ●招聘过程风险	●高质量的人才库 ●人才效力提升 ●领先的雇主品牌
用人	●内部反应时间 ●实施进度	●投诉次数 ●沟通频率 ●模块实施率	●人员效益 ●人力成本效益	●HR职能满意度 ●员工回报满意度 ●沟通高效 ●员工参与度	●法务风险规避 ●文化与软环境 ●风险管理	●竞争性报酬体系 ●人力资本效率 ●员工敬业率
育人	●培训时间 （人/部门/层级） ●计划/进度管理	●课时 ●被培训/导师数 ●升职人数	●培训成本比例 ●培训成本结构	●专业技能提升 ●工作行为优化 ●绩效提升 ●高效人才梯队	●培训过程风险控制 ●绩效行为反馈	●业界的标杆 ●成功的领导人才和梯队 ●培训效益 ●文化促进
留人	●离职体系管理 ●新老离职员工分布	●整体离职率 ●主动离职率	●离职成本 ●替代成本 ●离职代价与无形成本	●留才机制 ●离职分析	●离职去向与风险管理	●降低替代成本 ●留才指数

图 5.18 "科石"人力资源运营管理分析示意图

5.7　服务品牌打造及运营

大型或超大型企业的共享服务中心都会有自己的形象代言人和slogan（宣传语或口号），有些服务产品还会有产品的形象及slogan。一些共享服务中心甚至会配备短小精干的品牌运营小组，他们通常是团队中年轻、充满活力、充满创意的一群跨界人才，有的擅长创意和活动策划，有的擅长文案撰写，有的擅长视觉设计。

那么，为什么会出现这种情况呢？首先，人力资源三支柱强调HR要像企业一样运营，企业当然需要自己的品牌了。其次，共享服务中心以及共享服务中心提供的服务产品，其实就是企业的HR服务品牌和HR服务产品，既然是品牌和产品，当然需要有品牌和产品运营了。这一运营的目的如下。

- 让无形的服务可视化、有形化。
- 强化HR在员工心目中的服务形象，扭转职能管控的刻板印象。
- 让员工在有相应的HR服务诉求时，能够知道通过什么样的方式、渠道或产品获得服务。

服务品牌的打造和运营以及产品形象的设计和宣传，不仅需要扎根企业所处行业及企业文化的土壤，还要基于 HRSSC 及不同产品的定位，因而对创新、创意、文案及视觉设计的综合能力要求很高，在实践中很难形成相应的体系和方法论。

接下来，分享两家公司在品牌运营、产品运营、服务运营方面的案例。

第一个案例来自文思海辉 SSOC 团队。该团队的 logo（徽标，起识别和推广作用）由象征中国红和科技蓝的企业主色组成，风帆和动感的形象代表着朝气蓬勃、勇于创新、持续发展。该团队的 slogan 是"新共享 心服务"。第一个"新"是创新的"新"，该团队希望成员持续保持创新的动力和活力；第二个"心"是用心的"心"，该团队希望以此鞭策成员用心工作、用心服务。在一些 SSOC 团队内部的活动中，请小伙伴们以部门 logo 为原型进行诸如绘画、剪纸等艺术创作，以强化 SSOC 团队内部对 logo 及 slogan 的认同，持续在工作中激励自己。

该团队的形象代言人是 4 个充满活力的动感小超人——HAPPY 娃，其名字分别是 Sam、Sophia、Olive 和 Clark，首字母组成了部门的名字，HAPPY 则代表着部门的文化，即 Harmonious（和谐）、Accountable（负责）、Passionate（热情）和 Youthful（青春）。该团队以 HAPPY 娃为原型，制作了贴纸、玩偶、手机壳、背包、微信表情包，在各种面向业务部门及员工的活动中，通过各种好玩有趣的方式来分发以强化 SSOC 的服务品牌形象。该团队还把企业 logo、部门 logo 及形象全面嵌入 SSOC 的各种服务交互介质，例如等候区关于入职流程的桌卡、新员工大礼包的帆布袋、给员工精心准备的笔记本、为离职员工精心准备的离职感谢卡等。

　　此外，该团队的很多服务产品也有自己的形象代言人。比如，智能客服就以大家都爱戴的前任 CIO 为原型，名叫"Mike"；再比如，服务热线是可爱的小米粒形象，叫"爱米丽"。这两个很酷、很有趣的形象能够帮助员工迅速记忆该团队的产品，在需要的时候想到这支团队，找到这支团队。文思海辉 SSOC 品牌示例详见图 5.19。

图 5.19　文思海辉 SSOC 品牌示例

第二个案例来自充满朝气、充满活力的无限极 HRSSC。

无限极的人力资源共享服务有自己的名字——ISSC（Infinitus Shared Service Center）。除具有公司名称的含义之外，这个名字还预示着共享服务中心的"无限可能"。ISSC 于 2017 年创建，虽时间不长，但在支持组织转型、HR 升级方面取得了很大的成绩，并且获得了行业的权威奖项和认可。

ISSC 在创立之初就希望能有一个深入人心的形象，所以在整体品牌的设计上投入了很多精力。基于 ISSC 的服务理念以及核心定位，VI（视觉识别）设计融入了"高科技、人工智能、大数据、交互、贴心服务"这样的元素。团队最终设计出 ISSC 具有科技感的 logo，并且采用渐变、变化的色彩搭配，传递出年轻、动态、活力这样的视觉感受（见图 5.20）。

图 5.20 ISSC 的 logo

有了一体化的 VI 设计之后，就可以更统一地制作 ISSC 相关的物料、文件、周边产品（比如 PPT、Word 等电子文件模板，信封、便笺纸等纸质文件或文具模板），记事贴、书签、U 盘、徽章、笔记本等周边产品也可以应用，从而给员工形成全方位的视觉导入。

除与 logo 相关的元素之外，吉祥物也是很容易让员工形成记忆的物品，如图 5.21 所示。无限极 HRSSC 吉祥物基于拟人化的客服机器人"小 H"。ISSC 给"小 H"设计了一整套形象，从而让虚拟的机器人更加立体鲜活起来。ISSC 甚至设计了一套"小 H"的表情包，融合了公司的企业文化和工作准则，员工使用率很高。"小 H"的形象也出现在各种代表 HR 的文件、通告、推文里，并在很短的时间内成为 HR 的代言人和代名词。

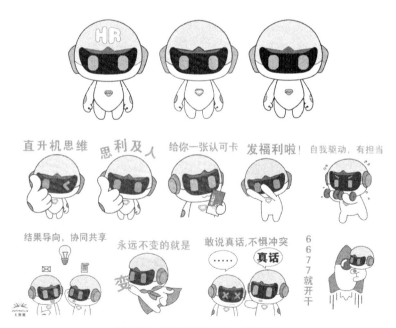

图 5.21　无限极 HRSSC 吉祥物

如图 5.22 所示，"小 H"的公仔、贴纸、回形针被同事使用的频率也很高，甚至在同事的朋友圈，也可经常见到"小 H"的身影。它深受大小朋友们的喜爱。

图 5.22 "小 H"的使用场景

如图 5.23 所示，ISSC 对于自身的宣传推广，希望做到无处不在。这主要基于"精准服务、极刻体验"这样的服务理念，并且希望给同事传递"可爱、高效、精准、智能、强大"这样的共享服务形象，实现智能客服平台、招聘全流程、雇主品牌的对外宣传以及数字化工具的全覆盖。

● 官方账户的头像

● HR咨询客服形象

● 实体周边产品及文化衫制作

图 5.23 ISSC 对于自身的宣传推广

如图 5.24 所示，ISSC 提供的共享服务非常注重员工的体验和感受，提出了"FEW"（Fresh, Efficient, Warm）的理念。其中，Fresh 表示创新的，Efficient 表示高效的，Warm 表示温暖的。通过梳理员工的职业生命周期，从候选人接触企业的那一刻开始，ISSC 的元素就在源源不断地输出，比如在面试的时候，候选人就可以拿到一份公司的产品，"小 H"形象出现，感谢候选人对公司的关注。

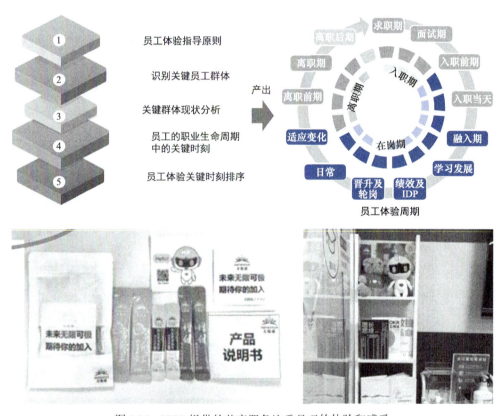

图 5.24 ISSC 提供的共享服务注重员工的体验和感受

入职成功后，员工不仅会收到定制文具包，还会收到"小 H"发来的福利地图，让员工清晰地明白公司有什么样的福利、如何领取。在登录各种系统和账号之后，员工即可 7×24 小时联系"小 H"咨询各类问题。员工在职期间，到了试用期转正、晋升、生日、结婚、生子等关键时刻，还会收到"小 H"自动发来的祝贺海报，优美的文字加上美丽的配图，引发同事刷刷朋友圈、发发感言。无限极 HRSSC 吉祥物的应用如图 5.25 所示。

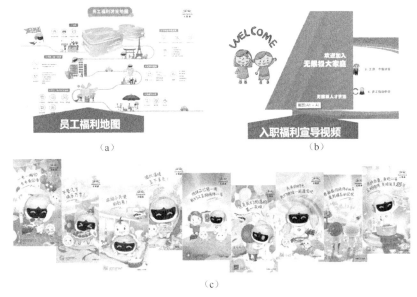

图 5.25　无限极 HRSSC 吉祥物的应用

关于共享服务的宣传和推广，很多时候员工还能发现一些槽点和改善的空间，因而需要提供机制和出口，让他们吐露改进意见。ISSC 为此建立了完全开放的"员工体验留声机"，参见图 5.26 。员工随时随地都可以和 HR 吐槽，可以对公司流程、制度、福利等提出改善意见，甚至鼓励员工参与"创客马拉松"活动，参见图 5.27。通过对需要改善的点进行立项，招募项目成员，快速对不足的地方进行优化。一方面，让员工有参与感；

另一方面，让员工感受到公司对他们十分重视。虽然有些"槽点"可能一时半会儿没法解决，但是"小 H"会适时地进行回复和跟踪。

图 5.26　无限极 HRSSC"员工体验留声机"

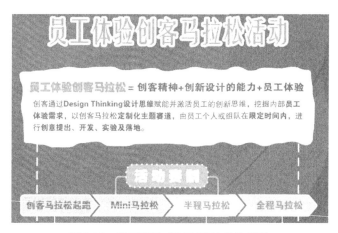

图 5.27　员工体验"创客马拉松"活动

总体来讲，ISSC 通过数字化工具的打通，让员工只需要通过一个入口即可进入 HR 相关的事务中，实现服务的集约。此外，ISSC 还通过"小H"这种吉祥物来获取流量，植入员工的心智，让员工对 HR 的共享服务产生黏性和依赖性。同时，ISSC 通过倾听员工的声音，不断优化共享服务的工具和平台，形成 PDCA（计划、执行、检查、处理）闭环，推动共享服务的持续发展。

第 6 章
打造与时俱进的员工联络中心

6.1　什么是员工联络中心

员工联络中心对于 HRSSC 小伙伴应该既陌生又熟悉。如何在 HRSSC 模式下有效搭建员工联络中心并充分发挥员工联络中心的价值和作用，是 HRSSC 体系内的一个重要课题。

首先，让我们来看一下什么是员工联络中心。员工联络中心指的是以智能客服和呼叫中心技术为载体，基于 HRSSC 的组织定位，将知识、渠道和技术有效整合，面向员工服务的品牌和一站式服务平台。

其次，企业建设员工联络中心又有怎样的价值呢？在作者看来，至少有以下两个层面的价值。

- 在 HRSSC 组织内部通过引入员工联络中心这样的组织形式，可以形成"鲶鱼效应"，带动 HRSSC 组织内部对于知识、流程、效能的进一步激活，推进 HRSSC 组织的建设与持续演进。
- 对于服务体验的全面升级。原有的服务模式是线下的、割裂的，服务质量很难评估和监控。我们可以通过引入员工联络中心实现对服务的归集、闭环，实现对服务体验的全面管理。带来的附加价值是知识的有效整合、人员的专业化分工以及数据的汇总与分析。

基于以上探讨，员工联络中心的定位就是作为 HRSSC 服务分层（HRSSC 服务分层模型参见图 6.1）中的 1 级人工服务总归口，同时为 0 级服务中的自助以及机器人服务提供持续的优化与语料支持。此外，员工联络中心还要持续地从服务数据中提取有价值的信息并向 2 级和 3 级服务传导，以保证整个服务体系的良性运转。

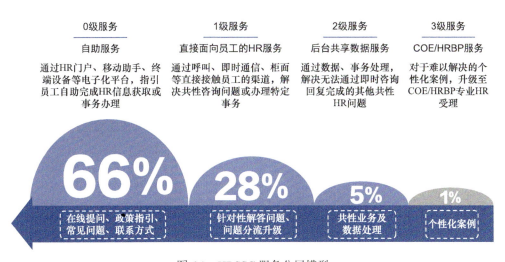

图 6.1 HRSSC 服务分层模型

是不是所有 HRSSC 都应该搭建"员工联络中心"呢？这取决于 HRSSC 的现状和成熟度。最合适搭建员工联络中心的时机并不是 HRSSC 初创期，而是 HRSSC 进入成熟期以后。关键点有以下 3 个：

- 知识有了一定的积累，可以为员工服务提供知识层面的支持；
- 流程上具备将员工联络中心嵌入 HRSSC 整体服务的条件；
- 定位上已明确将员工联络中心作为一站式归口化的服务平台，全部负责 HRSSC 体系的咨询服务应答。

当我们已经能够对以上三点达成共识，并匹配与之相对应的资源后，就可以开始着手搭建员工联络中心了。

如前所述，员工联络中心是面向员工提供服务的平台，在不同阶段可以根据实际命名。这里的"实际"指的是员工的易知度，例如员工服务热线、400 热线、在线客服等。命名方式符合企业文化、组织定位、所处阶段等即可。"高大上"或带有未来感、科技感的命名可能在初期会让服务对象不知所云。对于 HRSSC，在新增这样的平台型服务组织时，一定要让服务对象"知其云，知其所以云"。

6.2　员工联络中心的构成要素及架构

本节讨论组成员工联络中心的要素。员工联络中心可以解构为五大要素，它们分别是人员、系统、制度、流程和知识。

　　首先是人的因素。任何组织的工作都要依靠人来完成，对于员工联络中心这样的服务型组织更是如此。每一次的服务都要通过人来提供，所以人是员工联络中心一切服务行为的基础。员工联络中心对于人的要求是复合型的，既要懂业务又要懂沟通，不仅要解决问题，还要发现问题，理解问题从何而来、因何而生，并反推业务精进。

　　其次是系统的要求。如前所述，员工联络中心是以呼叫中心技术为基础的，为什么呢？因为我们首先要解决的是如何让员工找到我们，与我们取得联络。既然这种联络方式一定是统一的、高效的、有迹可循的，那么只有系统才可以满足要求。之后，我们便可通过系统实现对关联系统的串联。其中包括但不仅限于呼叫系统、员工信息系统、各类业务信息系统、工单系统等，以最大限度地满足员工联络中心的业务需求，提高业务处理效率。

　　制度是员工联络中心服务质量的有效保障。任何服务型组织的运营和管理都需要完善的制度。服务的接入、沟通、处理、记录、结束的整个过程都需要通过制度加以规范，并通过 SLA 以及 KPI 进行量化分解，最终落实到工作的每一个细节当中。这些制度包括但不仅限于现场管理、服务规范、处理沟通话术等。

　　对于作为 HRSSC 体系新成员的员工联络中心来说，不管是内部处理还是外部协作，流程都是至关重要的。如果说制度是服务的骨骼，那么流程就是服务的血管。前期通过流程化的梳理，理清内外部职责，明确协作机制，保证在应对各种问题时能够快速响应与处理。流程不怕细，怕不全，在初始阶段要尽可能全面梳理流程，等到成熟运营后再做适当的优化调整。

最后是知识。对于员工联络中心这样的服务型组织，员工必然带着问题来，如何快速解决员工的问题，最终依赖知识。知识的广度和深度决定了员工联络中心服务的广度与深度。所以，知识是打开员工联络中心价值的一把钥匙，这把钥匙是串起人，是系统、制度、流程的点睛之笔。没有知识这把钥匙，员工联络中心就是一部电话总机，只能负责记录与转拨，因而它就失去了自身的核心价值。

介绍完员工联络中心的五大要素后，对照图6.2，讲述员工联络中心业务构架。简单来讲，作为服务型组织，员工联络中心也分为前道、中道和后道。通过前道、中道和后道的设置，实现员工联络中心业务的分层处理。

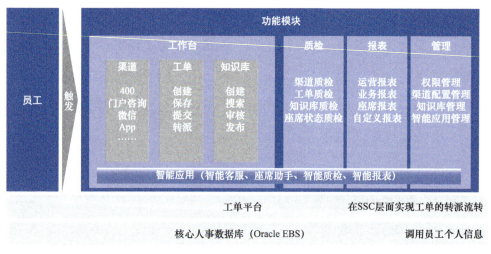

图6.2 员工联络中心业务构架

员工联络中心的前端渠道（简称前道）就是接入端，作用是将所有面向员工的服务介质通过归集实现一站式的服务接入。前端渠道包括但不仅限于电话、在线沟通工具（钉钉、微信、飞书等即时通信工具）、邮件、短信等，通过标准的规范接入保证一致的服务体验。

中道（中端渠道）通过工作台、工单、知识库等搭建业务处理平台。除支持业务处理人员以外，中道还能够协助运营管理人员对服务过程进行监控，让他们了解服务情况。另外，中道不仅支持根据业务需求，利用工作台以及工单、知识库等内嵌功能与外部业务系统进行对接（以供业务处理人员获取并同步相关信息），而且支持根据实际需求搭建实时大屏或数据看板（以方便业务处理人员及运营管理人员了解目前实时的运营现状）。

后道（后端渠道）则分为以下两部分：

- 员工联络中心层面的报表、数据、预警；
- HRSSC 运营层面的数据分析以及 HRSSC 各业务端对于员工联络中心的业务协作及数据的反馈。

通过后道的回溯与分析，实现员工联络中心业务流程的闭环管理。

6.3 如何搭建员工联络中心

在明确了员工联络中心的定义、组成和业务架构后，本节介绍如何搭建员工联络中心。如前所述，大家对员工联络中心既陌生又熟悉。陌生是因为 HRSSC 的其他模块是从原有业务切割而来的，而员工联络中心是一个全新的模块，大家不知如何入手；熟悉则是因为我们身边有太多像员工联络中心这样的服务型组织，大家或多或少有一定的概念，甚至还能说出一些服务的基本原则。正因为如此，搭建员工联络中心更需要我们能够准确地把握相关的基本原则和方向。

搭建员工联络中心的基本原则是明确定位，分步实施，快速推进，阶段性交付。

首先，要明确定位，想好如何回答下列问题：

- 员工联络中心是干什么的？起什么作用？
- 服务对象的体量如何？
- 服务菜单的内容如何？
- 业务量有多少？需要配置多少人员？
- 需要什么样的系统平台？需要哪些知识来提供支持？

对于建立员工联络中心这样的组织，很难有参照企业可供借鉴。不同的行业、不同的公司、不同的企业文化、不同的体量都会对员工联络中心的设置产生一定的影响。所以，我们要以接入员工服务需求的某个渠道、某大类服务内容作为切入点，并通过切入点以点带面、逐步扩展我们所要承接和处理的业务范围。这种方式适用于大多数 HRSSC 模式下员工联络中心的搭建。

但在此过程中也会存在风险，比如如何确定员工联络中心的业务量，因为业务量直接关系到组织的人员以及系统配置。从实际效果看，能够有效收集业务量的手段无非是现有渠道统计加上人工统计，这两种统计最大的问题都在于收集的业务量大于实际业务量。因为从原有业务人员那里收集员工需求量时，业务人员多半会报多不报少。如果按这种模式进行统计，就会直接导致前期对于人员、系统的配置高于上线后的实际需求，造成浪费。

建议如下。

电话渠道按每 5000 ～ 8000 名员工配备 1 名座席，而在线渠道按每 10 000 ～ 12 000 员工配备 1 名座席。低值与高值的差异在于不同行业，比如制造型企业就低不就高，而服务型企业就高不就低。在人员配置上，先保守后激进，等到积累了一定的业务量后，再扩招人员。

对于系统，特别是客服系统，从联络的本质来讲，就是基于客服系统的一种实现。现在的客服系统除包含呼叫中心这一最基本的电话功能之外，还支持在线、邮件、短信等各种交互方式。在系统选择上，优先选择

"云客服平台租用"，这不仅投入少、上线快，还能快捷地实现个性化开发。更重要的是，省去了传统呼叫系统的硬件采购及维护成本。另外，后期根据实际需求，我们可以便捷地进行账号增减操作。

讨论完定位的问题后，下面进入具体搭建的分步实施环节。

员工联络中心的搭建分为系统搭建、团队搭建、运营搭建、SLA 设定、交付测试这 5 个步骤。员工联络中心搭建流程详见图 6.3。

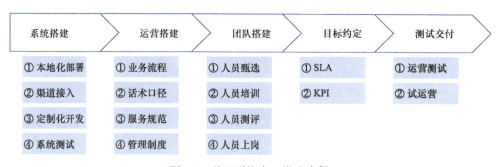

图 6.3 员工联络中心搭建流程

其中每一个步骤涉及的具体工作如下。

（1）系统搭建：选择适合的客服系统，如有需求，可申请 400 号码，开通座席账号；对系统内的功能进行个性化改造，包括但不仅限于工作台、工单、报表等。如有需求，通过接口的方式与业务系统进行对接。

（2）团队搭建：进行人员招聘，聘用符合条件（学习能力强、对 SSC

业务有概念、沟通能力强）的人，并对他们进行充分的岗前培训。培训的内容包括但不仅限于客服系统的使用、SSC 业务端系统的使用、SSC 业务知识、沟通技巧、问题处理能力等。

（3）运营搭建：分为制度流程搭建（包括但不仅限于现场管理、日常行为管理、绩效评优机制、知识更新机制、业务处理流程、投诉处理流程、突发状况处理流程等）和知识库搭建（包括但不仅限于业务知识、沟通知识、日常话术等）。

（4）目标约定：结合员工联络中心的定位与 HRSSC 管理层沟通并确定 SLA，基于 SLA 进行 KPI 分解，落实到人，保证服务的效率与质量。

（5）测试交付：对系统、团队、运营及 SLA 进行全流程、全场景的测试，以保证上线后能够满足业务需求。

在明确了基本原则以及分步实施的方法后，通过快速推进，保证搭建的效率与质量。我们可以使用经典的项目管理方法，设置明确的起始时间、节点责任人、模块交付物，并根据时间节点对责任人的交付物进行核验。在设置起始时间时，需要与节点责任人充分沟通以保证时间设置的有效性与合理性，节点责任人则必须对相应节点的完成进度负责。员工联络中心搭建项目计划示例如图 6.4 所示。

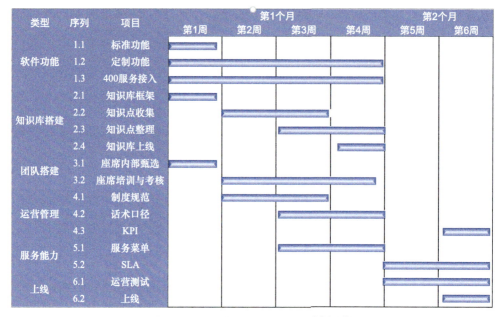

图 6.4　员工联络中心搭建项目计划示例

在分步实施前的准备阶段，要充分地调动已有业务团队的力量，为员工联络中心的建设做好前期调研并提供业务支持。

在分步实施过程中，严格按时间节点对分步实施进行验收，对其间出现的问题及时加以解决，并确定多种应对方案。

为保证员工联络中心的建设顺利进行，我们对建设过程进行了分解。这样的分解既可以保证员工联络中心的模块化推进，又能保证每个模块按对应的时间节点实现阶段性交付。

如前所述，模块化背景下的阶段性交付可以分为独立交付和关联交付两种。

独立交付指的是不依赖其他模块就可以直接交付，并且在多模块下可以并行工作，如系统搭建、团队搭建、运营搭建。

关联交付是指必须等到依赖的其他模块先行完成后方可交付，具有明显的前后顺序，如 SLA 设定、运营测试。

基于这样的现实，对于可独立交付的模块，进行并行交付；而对于只能关联交付的模块，则在独立交付后进行交付，这样即可实现高效的阶段性交付。

6.4　员工联络中心的卓越运营

完成员工联络中心的建设只是起点。作为精益运营的服务型组织，持续的卓越运营更关键。本节结合图 6.5 所示的员工联络中心运营全景图进行说明。

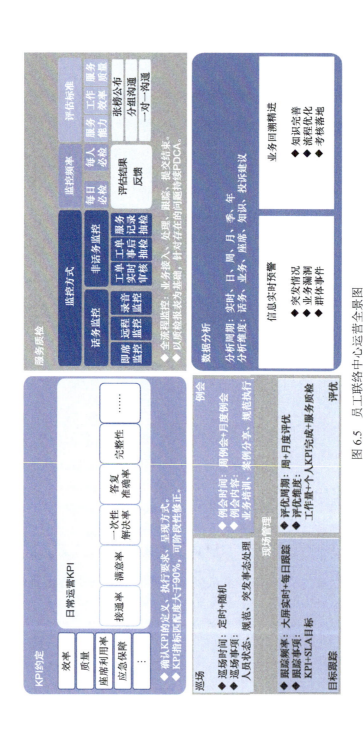

图 6.5 员工联络中心运营全景图

员工联络中心由人、系统、制度、流程、知识这五大要素构成。高质量的运营就是将这五大要素加以整合并持续运营。什么样才算卓越运营？这一定是有标准的。从宏观上讲，卓越一定与公司及 SSC 层面对于员工联络中心的目标相一致，员工联络中心只有满足或高于这个标准，才能算卓越。

为了便于理解，我们将卓越运营在行动上分解为以下 4 个维度。

- 定：KPI 约定。将公司及 SSC 层面对于员工联络中心的目标分解为员工联络中心的实际运营考核目标，从效率、质量、成本等维度具化到日常运营 KPI，如接通率、满意率、一次性解决率、答复准确率等。

- 检：服务质检。有了指标后，如何保证能真正落地执行？通过监控方式、监控频率、反馈，实现全流程、全覆盖的质量监控，并对出现的问题持续完成 PDCA。

- 理：现场管理。对于员工联络中心这样的服务型组织，最终要靠人来实现服务。通过采取巡场、例会、目标跟踪、评优等措施，实现充分的监督与激励，充分发挥人的作用，保证服务质量与效率。

- 析：数据分析。员工联络中心的服务行为积累了大量的服务数据。通过将周期（日、周、月、季、年等）与维度（话务、业务、座席、知识、投诉建议等）充分结合，不仅实现对突发情况、业务漏洞、群体事件的实时预警，还实现对于知识完善、流程优化、考核落地的业务回溯精进。

充分利用以上 4 个维度，同时对这 4 个维度实现闭环管理。通过这样一套机制，我们就能够不断发现问题、解决问题，并对指标进行不断优化、调整和校验。

除行动上的分解外，也要关注这五大要素在运营中如何助力达成卓越。

对于员工联络中心这样的服务型组织，人员是一切服务行为的基础。为了保证人员能够满足员工联络中心的业务需求并高效、高质地面向员工提供服务，我们需要搭建有效的培训体系。从培训的内容、课程设计、核心能力到最终的实操应用，形成体系化的人员能力构建路径，持续为员工联络中心提供高质量的人员。图 6.6 展示了员工联络中心座席培训全景示例。

知识对于卓越运营尤为关键。如何通过知识保证卓越运营？从实践来看，我们要通过知识体系搭建支撑卓越运营。从底层的碎片化加工、数据、管理，再到平台呈现，最终实现知识应用。通过一套知识体系，利用一套规则，生成知识库，支撑全流程、全场景应用。 员工联络中心知识管理全景如图 6.7 所示。

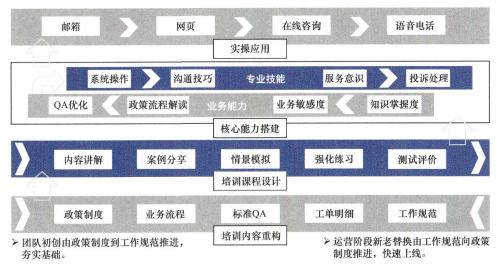

图 6.6 员工联络中心座席培训全景示例

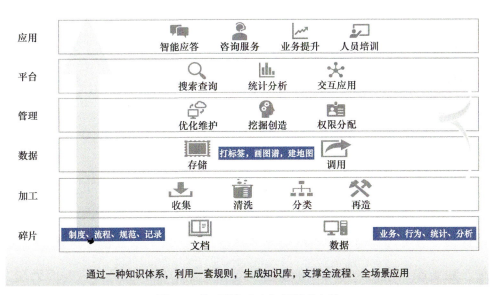

图 6.7 员工联络中心知识管理全景

6.5 员工联络中心的新技术

员工联络中心是以呼叫中心技术为载体、基于 HRSSC 的组织定位、整合一切面向内部员工服务资源的服务平台。图 6.8 展示了员工联络中心全景图。这样的特性决定了需要持续地引入新技术来帮助员工联络中心不断地提升系统化、智能化水平，并减少简单重复工作消耗的精力，全面提升员工联络中心的服务效率与体验。

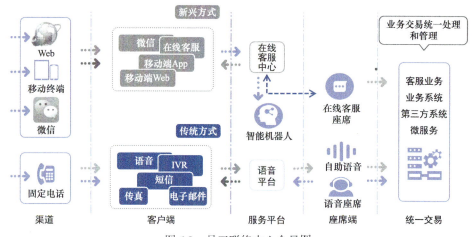

图 6.8 员工联络中心全景图

1. 智能客服系统

作为以呼叫技术为载体的服务平台，呼叫系统从原来只提供服务接入已逐步发展成为融合多种技术的业务处理平台——将原有的渠道接入、工单、知识库、报表等传统功能整合为渠道、客户端、服务平台、座席端、统一交易等模块，同时引入语义识别、语音文本互转、机器人等技术，实现了真正意义上的智能化处理。

从部署上，市面上众多的智能客服系统可以分为本地化与云平台两种模式。本地化模式下的智能客服系统安全性高、功能完善、定制化程度高，但投入成本大，实施周期长；云平台模式下的智能客服系统成本低、灵活性大、实施周期短，但数据存储在云端，安全性低，定制化程度也低。

2. 机器人应用

近年来，机器人应用是比较热门的话题，而员工联络中心这种服务型组织是机器人天然的应用场景。但很多人对机器人应用有误区，以为只需要一次性采购就可以了。殊不知机器人应用需要长期、持续投入，而且还特别讲究分阶段实施。

目前主流的机器人应用场景是智能客服场景。通过文字或语音与机器人进行沟通，由机器人通过对话的方式解决各类问题。在引入机器人时，一定要结合自己目前所处的阶段制定切实的目标。首先要有一个已经过验证的知识库。基于实践验证激活的知识库，梳理可以由机器人使用的语料库。由先以机器人为辅、人工服务为主，逐步转变为以机器人为主的服务模式，最终全渠道、全流程由机器人提供服务，人工只提供基础的日常维护。员工联络中心智能客服应用流程如图 6.9 所示。

图 6.9 员工联络中心智能客服应用流程

3. 自更新知识库

知识决定了员工联络中心服务的广度与深度，员工联络中心的一切服务行为均以知识为基础，对知识的质量要求很高。而传统的知识库管理均为手动模式，从收集到整理，需要耗费大量的时间。面对这样的问题，我们可通过技术手段实现知识从获取到整理入库的全流程自动化维护，切实解决知识库现有更新维护中存在的问题。员工联络中心自更新知识库全景如图 6.10 所示。

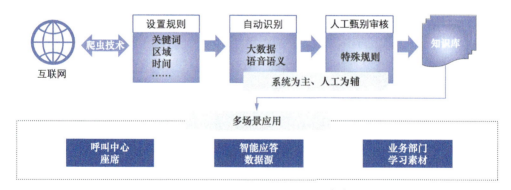

图 6.10 员工联络中心自更新知识库全景

4. 智能数据看板

作为强调效率与体验的服务型组织，员工联络中心的服务行为会积累大量的数据。通过智能数据看板对这些数据进行深度的分析，实现对运营过程与结果的实时掌控。另外，我们可以根据运营的聚焦点对数据看板进行动态调整。于是，我们既能实时查看数据，又能根据需求下载明细数据，实现对数据的实时预警与回溯精进。 员工联络中心智能数据看板示例如图 6.11 所示。

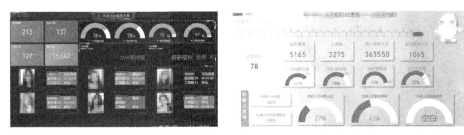

图 6.11　员工联络中心智能数据看板示例

以上列举了目前比较热门的一些新技术在员工联络中心的应用，此外还有很多未列举的新技术，如智能质检、智能外呼、智能工单等，因为篇幅有限，我们不再展开讨论。

相信随着员工联络中心越来越多地出现在 HRSSC 体系中，会有更多的新技术被应用到员工联络中心，员工联络中心也一定会发挥出更大的作用，帮助 HRSSC 更好地提供高效、高质的服务。

第 7 章
共享服务中心的常见概念及工具

7.1　人均服务比

人均服务比是指人力资源共享服务中心的员工人数与服务总人数之比。这一指标是管理团队特别关注的关键人效指标，它在很大程度上反映了HRSSC 的效率。

但这一指标又很复杂，受很多因素的影响，主要包括如下 5 个方面。

- 共享服务的内容及范围，如涵盖哪些服务内容，这些内容的定义和边界（即服务的广度和深度）又是什么。
- 企业员工的体量及分散和差异程度，如服务的员工人数、员工办公地点的分散程度、员工特性的差异（如工种、学历）等。
- 企业特性及管理复杂度，如企业所属行业、业务的下沉程度、SSC 服务的业务板块、业务板块之间的差异、所涉及法律实体的数量等。
- 企业对合规风控及员工体验的要求和关注，如企业性质、是不是上市公司、要遵循哪些标准等。
- HRSSC 自身的能力和素质，如 HRSSC 自身的信息化和自动化程度、业务流程标准化的程度、团队的业务处理能力和工作熟练程度等。

面对如此重要且复杂的指标，我们至少需要做好如下两项工作。

- 做好基线和时间轴管理，从而帮助我们对比分析没有共享和共享后的每一次迭代与创新在人均服务比上的体现，也就是自己和自己比。这一数据能直接反映共享服务中心对于组织的贡献和自身的成长。

- 如果想和其他公司的 HRSSC 做对比，可以看最小的服务颗粒度，比如和其他公司或行业对比算薪的人均服务比，而不是对比整个 HRSSC 的人均服务比。

那么，HRSSC 要如何才能提升人均服务比呢？以下 4 点至关重要。

首先，流程要标准化、简化、自动化、自助化。如前所述，流程是效率的原动力，也是体验的顶层设计，还是风控的有效保障。要想降本增效，就一定要顶住压力做流程的标准化。任何改变一定都会面临各种声音，要提前拿到决策层的支持，做好充分的沟通，说干就干；还要勇敢拿起"奥卡姆剃刀"，剔除一切不增值的流程环节，特别是那些走过场、刷存在感的无效审批或审核环节。另外，要尽可能对标准化、简化的流程通过技术手段进行线上固化，并尽可能做到自助化和自动化，比如由员工或 HRBP 线上发起、确认、审批，走完的流程数据要自动回写到核心人事数据库中，在提升用户便捷度和体验的同时，提升 HR 运营效率。

其次，通过技术实现和客户、用户的线上交互，如员工自助、智能客服、经理门户、手机自助、共享云大厅、专业用户门户等，让服务更加自助化、自动化，不受时间和空间的限制；利用工作流、工单等线上工具横向打通业务系统，实现更加自动化的线上协同，并在此基础上，将共享任务数字化，形成对任务的有效管理、监控和分析，以便做好任务和资源的有效匹配，恰当介入管理，进一步洞察效率提供空间等；对于无法避免的系统断点，进行简单重复的人工操作，如果工作量可观，可以尝试用 RPA（机器人流程自动化）技术弥补或替代，至少做部分弥补或替代，也就是进行人机协作。

接下来，要分层交付并尽可能集中处理。一定要打造经典的分层交付模式，并尽可能将高级别的交付内容往低级别压，同时尽可能将可以远程交付的工作集中化处理，可尝试通过技术提效或通过外包在更广泛的社会范围内寻求进一步的规模效益，并根据每个团队的业务处理周期，建立例行的复盘机制，分析异常，识别效率提升空间，做出有效评估，持续跟进。

最后，做好人岗匹配，充分发挥人的主观能动性。这一点非常容易理解，事在人为，一个组织要想快速发展，核心要素还是人，人在任何时候永远是第一资源。鼓励团队积极思考、主动学习，领导以身作则，打造学习型组织，并通过轮岗、项目实战、课题研究等方式切实培养团队与时俱进的能力，定期盘点核心岗位、核心团队、高潜人才并做动态调整，通过各种精心设计的项目或活动，打造积极的组织氛围，激活每一位员工主动思考、积极贡献。

根据《德勤 2020 年中国地区人力资源共享服务调研》，HRSSC 人均服务比如图 7.1 所示，HRSSC 人均服务比超过 200 的企业高达 52%。

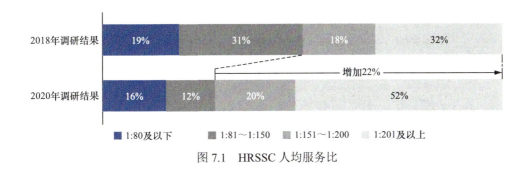

图 7.1　HRSSC 人均服务比

7.2　SLA、SOP 和 KPI

SLA（Service Level Agreement，服务水平协议）是服务使用者和服务提供者就服务效率和质量，通过正式沟通和协商，形成的一致且可衡量的定量指标。其目的是明确双方的期望和职责，使双方达成对服务质量共同承担责任的共识，加强相互理解，使资源和服务得到合理配置，使服务有沟通，有定义，有评估，有承诺。同时，SLA 并非一成不变，它会随着业务需求、服务能力和实现条件的变化而变化。

表 7.1 展示了 HRSSC SLA 的常见类型、描述及示例。

表 7.1　HRSSC SLA 的常见类型、描述及示例

类型	分类	描述	示例
时限	反馈时间	服务响应或问题解决时间	录用审核提交4小时内反馈
	可用性	服务时长、服务工作时间	7×24小时服务
质量	可靠性	服务提供的出错率小于某值	数据录入准确率100%
	满意度	客户满意度	满意度高于95%
效率	通过率	流程被有效执行的比例	审批通过率高于70%
	解决率	问题解决的情况	一次性问题解决率高于70%

表 7.2 展示了人力资源智享会在 2018 年做的关于 HRSSC SLA 定义的调研报告的汇总结果。

表 7.2　人力资源智享会在 2018 年做的关于 HRSSC SLA 定义的调研报告的汇总结果

	数量	比重	具体指标	数量	比重
人事信息录入及整合	24	92.3%	及时率	24	100.0%
			员工档案资料完备度	18	75.0%
			正确率	23	95.8%
差旅与派遣	6	23.1%	及时率	5	样本总量过小，不予统计
			正确率	5	
薪资福利核算	19	73.1%	及时率	17	89.5%
			正确率	19	100.0%
培训与发展	7	26.9%	及时率	7	样本总量过小，不予统计
			正确率	3	
			培训表现与成果	6	
呼叫中心	13	50.0%	第一次服务应答率	6	46.2%
			第一次服务解决率	8	61.5%
			第一次服务满意度	8	61.5%
			当日解决率	5	38.5%
			当日满意度	6	46.2%
			当月解决率	7	53.8%
			当月满意度	6	46.2%
其他	1	3.8%	—	—	—

表 7.3 展示了德勤通过大量咨询经验总结的部分 SLA 示例及标准。

表 7.3 德勤通过大量咨询经验总结的部分 SLA 示例及标准

业务流程	序号	关键服务内容	25分位数	50分位数	75分位数
入职手续办理	1	入职手续准备及时性，如入职手续办理流程中，接收到派送的工单后，完成通知相关部门、发送入职指南、准备员工入职相关材料包的工作	接收工单3个工作日内	两工作日内	1个工作日内
	2	入职相关材料包准确完整	98%	99%	100%
	3	劳动合同交付时间	入职当天交付	入职当天交付	入职当天交付
	4	维护员工入职信息及时性	员工入职后两个工作日内	两个工作日内	两个工作日内
	5	维护员工入职信息完整性和准确性	98%	99%	99.80%
离职手续办理	6	发送离职手续办理清单及时性	接收工单后1个工作日内	0.5个工作日内	即时（系统）
	7	准备离职文件及时性	距离离职日期3个工作日前	距离离职日期3个工作日前	距离离职日期3个工作日前
	8	准备离职文件完整性和准确性	98%	99%	100%
	9	离职证明信	离职当天交付	离职当天交付	离职当天交付
调动手续办理	10	通知员工调动，发起调动工单	接收调动工单两个工作日内	接收调动工单1个工作日内	0.5个工作日内（技术支持）
	11	维护合同档案信息，归档相关材料	收到调动信息，归档相关材料	接收调动工单1个工作日内	接收调动工单1个工作日内
	12	发布异动公告	调动手续完成后当天	调动手续完成后当天	调动手续完成后当天
劳动合同续签	13	准备劳动合同续签材料	接收工单3个工作日内	两个工作日内	1个工作日内
证明信出具	14	个性化模板审核	2.5个工作日	两个工作日	1个工作日
	15	签字盖章准备	1个工作日	1个工作日	1个工作日
员工问询	16	个性化信息修改工单	1个工作日内给员工回复	1个工作日内给员工回复	1个工作日内给员工回复
员工数据修改	17	接到员工问询工单	两个工作日内进行修改	两个工作日内进行修改	两个工作日内进行修改

SOP（Standard Operating Procedure，标准运营手册）既是 HRSSC 服务标准化的重要依据，也是对 HRSSC 各项工作内容进行的标准化和量化定义。作用是让 HRSSC 的相关岗位和人员明确先做什么，后做什么，怎么做，做到什么程度。SOP 的定义需要遵循易懂、方便记忆、没有歧义、可细化、可量化并且能够不断优化的原则，通常基于优秀员工的最佳实践积累而成。

KPI（Key Performance Index）是从财务、客户、内部运营、员工发展 4 个维度，将组织的战略落实为可操作的衡量指标和目标值的一种绩效管理方法。HRSSC 的 KPI 示例如图 7.2 所示。

图 7.2　HRSSC 的 KPI 示例

这 4 个维度包括的内容如下。

- 财务维度通常包括是否能够有效控制成本，成本是否在预算内，本年度相比上一年度是否有合理的节约。

- 客户维度通常包括 SLA 达成率、SLA 是否逐年提升、投诉事件处理时效、员工满意度等。
- 内部运营维度通常包括各项服务产品运营指标的达成率、流程合规审计及数据核查的合格率、服务产品迭代和创新措施等。
- 员工发展维度通常包括核心员工的保留率、培训及知识沉淀的成熟度、人均培训时长等。

KPI 的设定原则如下。

与公司及部门的组织目标一致，简单、易于理解，对计算和测量没有歧义，数据易于采集且采集成本不高。

根据德勤的观点，HRSSC 的组织绩效通常会从用户需求、HRSSC 内部建设要求、管理层要求 3 大维度分别设定包括质量、效率、满意度、团队建设、成本控制和重点工作在内的 6 个方向的 KPI 或 OKR。图 7.3 展示了 HRSSC 团队绩效设定的 3 大维度和 6 个方向。

图 7.3　HRSSC 团队绩效设定的 3 大维度和 6 个方向

表 7.4 展示了 HRSSC 不同岗位的个人绩效指标示例。

表 7.4 HRSSC 不同岗位的个人绩效指标示例

联络服务类绩效指标示例	事务处理类绩效指标示例	运营管理类绩效指标示例
• 客户满意度 • 首次问询问题解决率 • 咨询量／座席数 • 平均呼叫等待时间，未接电话数 • 投诉解决满意度 • 工单响应速度	• 客户满意度 • SLA 相关指标达成情况 • HR 事务流程运行情况 • 投诉事件解决满意度及预防 • 薪酬支付准确率 • 薪资异常处理	• HRSSC 流程运行情况 • 数据报表准确度 • 系统用户满意度、稳定性及可用性 • 自助服务功能实现率及使用率 • 每个渠道的可用性和满意度 • HRSSC 绩效管理工作的有效性

表 7.5 展示了某公司 HRSSC 的部分绩效考核指标。

表 7.5 某公司 HRSSC 的部分绩效考核指标

指标类别	定量/定性	指标名称	指标定义	指标计算公式	绩效考核目标
效率类	定性	人均服务比	HRSSC人员对员工提供支持与服务的比例	HRSSC人员数量/被服务用户数量	考核期内人均服务比达到＿＿＿
效率类	定量	平均呼叫处理时间	接听呼叫后与客户谈话及持线处理的平均时间	接听呼叫后通话和持线处理的总时间量/接听的所有呼叫数量	考核期内平均呼叫处理时间不低于＿＿＿分钟
质量类	定量	薪酬福利发放错误或不合规人次	根据内部审核或员工反馈工单统计的错误或不合规发放薪酬福利的、经核实为事务处理组责任的事件次数	扣分项，出现一次薪酬福利发放错误或不合规情况，扣＿＿＿分	＿＿＿分
质量类	定量	系统运行稳定性	对HRSSC系统运行稳定性的整体评价	HRSSC系统运行稳定性评价得分	考核期内系统运行稳定性达到＿＿＿分
满意度类	定量	现场业务办理满意度	客户对现场业务办理过程中的服务效率、专业性、服务态度等方面的整体满意程度	HRSSC现场业务办理满意度评价得分	考核期内现场业务办理满意度达到＿＿＿分
满意度类	定量	薪酬福利发放满意度	客户对薪酬福利发放工作的整体满意程度	HRSSC薪酬福利发放工作满意度评价得分	考核期内薪酬福利发放满意度达到＿＿＿分
成本控制类	定量	费用预算控制率偏差	评价对各项活动预算费用的控制能力，保证预算费用正确	[（实际发生费用−预算费用）/预算费用]×100%	考核期内费用预算控制率偏差不超过＿＿＿%
团队建设类	定量	培训计划完成率	团队培训计划完成情况	实际培训场次/计划培训场次×100%	考核期内培训计划完成率达到＿＿＿%
团队建设类	定量	员工流失率	HRSSC主动离职员工的比例，用来衡量员工保留的效果	（当期离职人数/当期平均人数）×100%	考核期内员工流失率低于＿＿＿%

7.3 RACI 和 PDCA

RACI 和 PDCA 是两个非常通用的管理模型，它们在共享服务中心的建设和运营过程中会经常使用。

如图 7.4 所示，RACI 是用来明确分工及责任的管理模型。

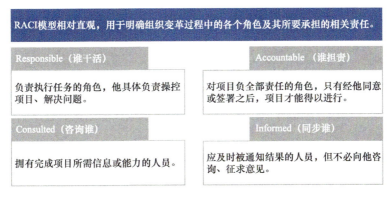

RACI模型相对直观，用于明确组织变革过程中的各个角色及其所要承担的相关责任。

Responsible（谁干活）

负责执行任务的角色，他具体负责操控项目、解决问题。

Accountable（谁担责）

对项目负全部责任的角色，只有经他同意或签署之后，项目才能得以进行。

Consulted（咨询谁）

拥有完成项目所需信息或能力的人员。

Informed（同步谁）

应及时被通知结果的人员，但不必向他咨询、征求意见。

图 7.4 RACI 模型

其中，R 代表 Responsible，即对项目执行负责的人，他要对项目中具体问题的解决或事务工作负责；A 代表 Accountable，即对项目的最终结果负全部责任的人；C 代表 Consulted，即对项目涉及的方法论或相关业务领域知识非常熟悉，并且需要在项目进行过程中提供咨询帮助的人；I 代表 Informed，即那些受到项目影响的人，包括项目取得阶段性进展后需要通知到的人。RACI 模型的关键是对项目的最终结果负责任的人是唯一的。

RACI 模型经常用来定义 HRSSC 项目的分工及责任，特别是那些需要跨部门协作的复杂项目。

表 7.6 展示了 RACI 模型在某企业流程再造工作中的应用，希望这能够帮助大家进一步理解这一模型。

表 7.6　RACI 模型在某企业流程再造工作中的应用

关键行动	描述	流程顾问	流程担当	流程总监
❶ 流程改进的方法论	方法论具体操作步骤指引、工具、模板、培训沟通、Q&A	A	R	C\I
❷ 具体流程设计	了解现状，收集反馈，绘制流程现状图，整理问题清单收集，设计新流程，制订行动计划及时间表，取得干系人的书面确认	R	A\R	C\I
❸ 流程审批	流程文档及改进项的审批	C	A\R	R
❹ 培训及推广	改进项的启动执行、培训准备及实施、收集培训中的反馈，根据反馈进一步修订流程	C	A\R	I
❺ 落地执行	编写作业手顺书、质量控制文件、员工指南，新流程的试运行、收集执行中的反馈、正式执行	C	A\R	C\I
❻ 质量跟踪	定期收集、报告执行结果，与目标进行比较并做差异分析	C	A\R	C\I
❼ 持续改进	持续收集反馈及改进建议，优化流程，沟通改进项并落地执行	C	A\R	C\I
❽ 改进项的追踪报告	定期收集、报告各流程的改进项及状态，分析进度及改进质量	C	A\R	I

PDCA 模型如图 7.5 所示，PDCA 是 Plan、Do、Check 和 Action 这 4 个单词首字母的缩写。PDCA 模型采用了循序渐进、阶梯式进步的思想，

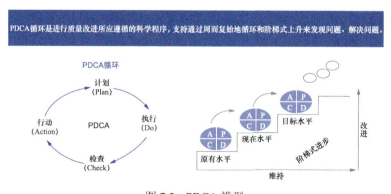

图 7.5　PDCA 模型

即通过一个又一个 PDCA 循环，从原有水平的小步快跑、不断进阶到目标水平。这一思想体现了现代管理中的敏捷思维，不一次性追求完美，而追求循序渐进、不断进步。PDCA 模型在 HRSSC 中经常用来定义服务产品改进、流程优化、数字化进阶及数据分析迭代的整体规划和阶段性目标。

7.4　共享服务中心的选址

共享服务中心的选址在数字化时代仍然有着重要的意义，选址时通常会综合考虑总部管控的便捷性、运营成本（特别是人力成本和办公成本），人才供给的数量、质量、稳定性，以及城市公共基础设施、信息基础设施、出行的便利性等。此外，共享服务中心的选址也会考虑城市的经济发展状况和政府的支持政策（如税收优惠政策）等。图 7.6 展示了 HRSSC 选址的评价因素。

在为共享服务中心选址前，通常需要确定评价原则，然后根据这些原则确定候选城市列表，收集相关数据并进一步缩小备选城市的范围，最后通过实地考察做出最终决策。选址策略有以下 3 种。

- 总部经济型：重点考虑总部管控的便捷性，选择人才供给比较充分、基础设施好的城市，如北京和上海，常见于初创的共享服务

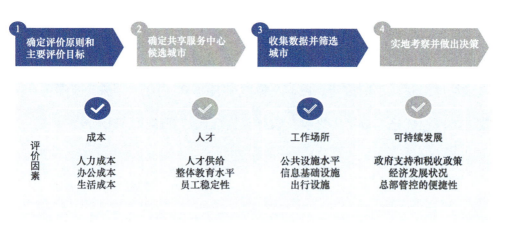

图 7.6   HRSSC 选址的评价因素

中心。但是，由于北京、上海等一线城市人力成本高、人才竞争激烈，因此在共享服务中心相对成熟后，通常会选择其他策略。

- 地缘经济型：选择在共享服务中心建设和运营方面有丰富经验的城市，这些城市的人才供给、质量、成本和城市基础设施已得到验证，并且政府的支持力度和政策也比较好，如武汉、苏州等共享服务中心比较集中的城市。

- 成本经济型：重点考虑人力成本、办公成本、税收优惠等运营成本。当然，同时要考虑资源的供给情况，大连、无锡、青岛是近几年来经常被考虑的城市。

根据《德勤 2020 年中国人力资源共享服务调研报告》，超过 25% 的企业的 HRSSC 分布在两个及以上城市，HRSSC 地区分布如图 7.7 所示，北京、上海、广州、深圳仍是共享服务中心的热门选择，但成都、苏州、杭州、武汉也开始被纳入考虑范畴。当然，这一调研结果和当年参调的企业中以初创的共享服务中心为主有关。

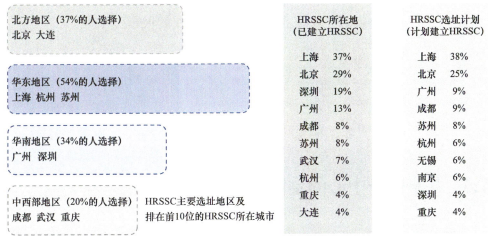

图 7.7　HRSSC 地区分布

图 7.8 展示了《德勤 2020 年中国人力资源共享服务调研报告》中常见的 HRSSC 选址考虑因素。

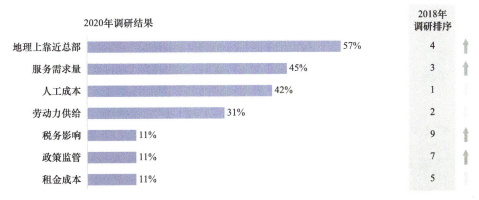

图 7.8　常见的 HRSSC 选址考虑因素

　　一般情况下，新建的共享服务中心倾向于选择总部所在城市或离总部比较近的城市。这一方面是为了方便总部管理和规划类人才的招聘，另一方面是为了进行更充分的变革管理，迅速建立共享服务中心的运营框架并夯实基础，待成熟后再迁移至人力成本相对较低的城市。

7.5　共享服务中心的定价策略

　　很多企业的 HRSSC 会将自己的服务内容产品化，并定义每项服务的收费标准，面向分 / 子公司或业务部门收费。HRSSC 服务收费的方式确实可以在一定程度上实现企业管理运营成本的精益化管理，敦促 HRSSC 不断提升服务质量，降低交付成本。由此产生的管理成本也不低，而且是否收费并不代表着共享服务中心成熟与否，只是企业在精益化管理和管理成本间的一种权衡，但对于独立核算的大型集团类企业是有必要的。

　　市场上常见的 HRSSC 定价和收费模式如下。

- 不收费：HRSSC 的运营成本由公司总部承担，不向各分公司 / 子公司或业务部门收费，常见于治理结构和员工体量不算很大的集团强管控型企业。

- 简单分摊：HRSSC 的运营成本由各分公司／子公司或业务部门基于使用量（如服务员工人数）进行简单分摊。这种模式既能起到经济杠杆的作用，让业务部门和各分公司／子公司合理使用总部或集团资源，又能降低管理成本，因而通常是 HRSSC 收费初期的首选。

- 计件分摊：根据不同服务产品的交易数量进行收费，如按照成功入职的人数、办理入转调离手续的次数、发薪人数等。这种模式常见于相对成熟、有很多数据积累的大型集团企业或以独立法人实体运营的超大型企业的共享服务中心。

在以上 3 种模式下，HRSSC 的定位都是企业的成本中心，只对 HRSSC 的运营成本进行分摊，并没有利润要求。目前，HRSSC 在向企业内部提供服务时，基本上秉承收支平衡的原则。只有当对企业外部提供咨询、技术等赋能服务时，才会对标市场价格并有利润方面的要求。

根据人力资源智享会 2018 年的调研报告，HRSSC 的成本或收费计算方式如表 7.7 所示。不收费的 HRSSC 占绝大多数，即便有少数收费的，也是以简单分摊为主的。

表 7.7 HRSSC 的成本或收费计算方式

计算方式	数量	大致比例
将成本分摊到服务对象（业务部门）	26	24%
以服务定价的形式向服务对象（业务部门）收取费用	10	9%
成本由集团拨款或人力资源部门承担	73	67%

附录 A
人力资源管理的"升维之道"

今天，我们谈论"人力资源的战略转型"和"人力资源的数字化转型"，说到底都是在讨论当管理环境和管理对象发生变化时，人力资源管理的思维模式、管理手段及人力资源从业者的能力是否能够跟得上变化。我们的"生存之道"或"升维之道"是什么？

无论管理环境和管理对象发生怎样的变化，人力资源六大模块的基础知识以及包括《中华人民共和国劳动法》《劳动合同法》《社保法》在内的人力资源三大法，永远是我们的生存之本。但数字化时代需要的是"跨界"的"复合型"人才，又称"π"型人才。因此，除"人力资源六大模块"和"三大法"以外，人力资源从业者还需要具备流程、产品、技术、服务、数据、运营等领域知识和技能。

在"人性与科技融合"的"数字化人力资本管理"阶段，我们应该更加关注人性，关注数字化驱动，聚焦在这样的大背景下，我们的工作究竟应该怎么做。我们要养成用数据说话、用数据明确定义问题、用数据支撑决策的习惯，而非仅仅靠直觉、凭经验。我们甚至需要具备通过数据预测未来并提前干预的能力，也就是进行所谓的"治未病"。人力资源从业者要做的工作，需要从"有为"到"无为"，再到"无所不为"。

人力资源从业者虽然是做人力资源工作的，但要时刻牢记——"我们是服务业务"的，所以必须"始终保持业务视角"。我们要善于发现业务背后的管理问题，找到根本原因并敏捷、高效解决，要躬身入局、实战并做到靠谱,还要通过"组织、文化、人才"这些人力资源关键要素解码并落实企业战略。建议每年策划和领导几个人力资源战略项目,作为抓手推动企业人力资源管理、运营及组织能力的升级。也就是说,既要用"母爱算法"为业务保驾护航,更要用"父爱算法"牵引或驱动企业的变革和发展。

图 A.1 总结了人力资源管理的"升维之道"。

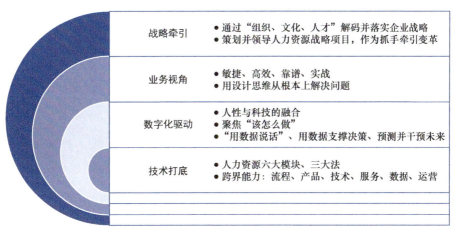

图 A.1 人力资源管理的"升维之道"